一开口就让人喜欢你

雨　岑　编著

吉林文史出版社

图书在版编目（CIP）数据

一开口就让人喜欢你 / 雨岑编著. -- 长春 : 吉林文史出版社, 2019.7（2024.8重印）

ISBN 978-7-5472-6013-5

Ⅰ. ①一… Ⅱ. ①雨… Ⅲ. ①口才学—通俗读物 Ⅳ. ①H019-49

中国版本图书馆CIP数据核字(2019)第043311号

一开口就让人喜欢你

YIKAIKOUJIURANGRENXIHUANNI

编　　著　雨　岑

责任编辑　张雅婷

封面设计　末末美书

出版发行　吉林文史出版社有限责任公司

地　　址　长春市福祉大路5788号

电　　话　0431-81629353

网　　址　www.jlws.com.cn

印　　刷　北京永顺兴望印刷厂

开　　本　880mm × 1230mm　1/32

印　　张　4

字　　数　80千

版　　次　2019年7月第1版　2024年8月第2次印刷

定　　价　19.80元

书　　号　ISBN 978-7-5472-6013-5

前　言

\PREFACE\

只要是生理健全的人，出生不久就能咿呀学语，继而通过语言表达自己的思想、情感，以及对现实生活的种种诉求。说话，表面看来像是每个人都会、能够无师自通的一种本能；实质上，要把话说好，既能准确地表述自己的思想和愿望，还能使自己的话铿锵有力、收到最佳的效果，却不是一件容易的事情。

古希腊著名的预言家伊索，出身寒微，曾做过奴隶。一天，主人家里来了客人，都是当时的社会名流，主人要伊索准备一道最好的菜。结果，伊索端上来一盘大家司空见惯的猪舌头。众人不解，伊索解释说："舌头能够说出世界上最美的语言，能够喊出'妈妈'这样崇高的称呼！难道它不是最好的菜吗？"大家觉得他言之有理，还对他夸奖了一番。主人也觉得很有面子。

过了几天，还是这些人，再度光临。主人要伊索准备一道最坏的菜。伊索端给大家的竟然还是猪舌头！这可是被伊索说成是最好的菜呀！大家仍旧迷惑。伊索又说："舌头能够说出世界上最恶毒、最下流、最无耻的话。难道它不是最坏的菜？"

在中国，有一句俗话说："良言一句三冬暖，恶语一句六月寒。”只要把话说得得体、巧妙，即使是初次相识抑或有点儿矛盾的人，也能感觉非常温暖、非常舒服，交谈者之间的距离会逐渐缩短，气氛会极为融洽，在此情境之下，谈话双方的愿望就极可能实现。否则，即便是关系亲密的朋友，也有可能因为言语不当，让人觉得如鲠在喉，就算对方不当场发作，其后果也是相当严重的。

中国还有“一言兴邦，一言丧邦”的说法。在古代，“邦”就是国家。战国时期的苏秦，先以“连横”之术游说秦国，没有被秦王接受；后以“合纵”之术游说六国，获得成功。有相当长一段时间，实力原本最强的秦国，不敢出函谷关半步。而最终秦国得以摆脱困境，也是派人游说六国，以“连横”破解“合纵”，只是主角不是苏秦，而是张仪罢了。赤壁之战前，曹操统一北方，实力无人能及，诸葛亮舌战群儒，促成孙、刘联合，从而彻底改变了天下的格局和走势。

在当今社会，“邦”也可看作是利益共同的一个团体、一个企业，想要发展壮大，想要屹立不倒，必须要有能说会道的人，去协调团体、企业和周围环境的关系。

说话是一门艺术，而且是一门极为重要的艺术。掌握了这门艺术，既可帮助你在事业上飞黄腾达，也能帮助你在交朋结友方面如鱼得水，还能帮助你家庭和睦、得享天伦之乐。拥有这本书，你就拥有了通往这道艺术大门的金钥匙！本书不仅有精辟系统的理论，更有流畅明白的语言、生动活泼的例子，还有我们对每一位读者朋友最诚挚的情谊和最深切的关怀！

目 录

\CONTENTS\

第一章

知轻重，谈话效果激增

1.能退百万之师

公元前630年9月，晋文公联合秦穆公，出兵攻打郑国。郑国一直都是一个实力不强的小国，而秦、晋两国，向来都是实力超群的大国，特别是晋国，在晋文公掌权之后，实力的上升更是有目共睹。当时，秦、晋两国共同出兵，郑国形势岌岌可危。

秦、晋两国大军兵临城下，郑国眼看就要亡国。危亡之际，郑国大夫佚之狐向郑国国君推荐烛之武。郑国国君召见烛之武，请求他为解除国家危难出力。此时的烛之武已近古稀之年，他对郑国国君说："我年轻的时候，尚且比不上别人，现在老了，更没有什么用处了。"郑国国君听懂了他的话外之意，立即说："我没有及早重用你，现在国家有了危难才想到你，这是我的过错！"见国君肯主动认错，烛之武再也无话可说，答应为国效力。于是，郑国国君让人用绳子把烛之武从城墙上放下，让他前往秦军的营寨。

烛之武见到秦军主帅秦穆公，请求对方从郑国撤军，并说："眼看郑国就要灭亡了，要是这样对秦国真正有利，我觉得您的所有努力都是值得的。但是，灭亡郑国，得到真正好处的不是秦国，而是晋国。当年您曾大力帮助晋惠公，晋惠公也曾答应要赠送晋国的焦和瑕这两个地方报答您，结果，他早上刚过黄河回到晋国，晚上就开始在那里修筑工事，对付秦国。晋国的背信弃义是有目共睹的，晋国的贪得无厌您也是心中有数的。要是您率军撤回，确保郑国不至灭亡，不仅可以牵制野心勃勃的晋国，一旦秦国有向东发展的需要，郑国还可以作为秦国的东道主，尽最大的能力帮助秦国。"

秦穆公觉得烛之武的话很有道理，于是率领秦军主力撤回，并留下杞子、逢孙和杨孙率一部分军队驻守郑国。晋文公明白秦穆公的态度，经过权衡，放弃了灭亡郑国的念头，也从郑国撤军回去。烛之武仅凭个人之力，拯救郑国于危难之中，最为关键的，在于晓之以理，以实实在在的利益关系打动对方。

世界上没有永恒的敌人。烛之武的成功范例启示我们，无论面对怎样纷繁复杂的局面，无论处境多么险恶，都应保持清醒的头脑，抓住最本质的关系。

2.能保一己性命

纪晓岚是中国历史上极负盛名的才子，乾隆十九年中进士。纪晓岚不仅学识渊博，也极为机智幽默，还以能言善辩著称。

身在官场，自古来有“伴君如伴虎”之说，作为臣子，稍有不慎，就有可能遭遇不测之祸。纪晓岚一生为官，当政的乾隆皇帝，晚年自称“十全老人”，是中国历史上少有的附庸风雅、以才学自命的皇帝之一，他们君臣之间，也就演绎了许多极富传奇色彩的故事。

传说，有一天，乾隆皇帝当朝考问纪晓岚：“何为忠？何为孝？”纪晓岚答：“君要臣死，臣不得不死，就是忠；父要子亡，子不得不亡，就是孝。”乾隆说：“寡人现在就赐你一死。你自己选择怎样死吧！”自古君无戏言，他们所说的每句话都是金口玉言，不容有丝毫违逆。乾隆皇帝这样对纪晓岚说，本意并不是真的要赐死纪晓岚，主要目的是考验纪晓岚的智慧；倘若能够让纪晓岚难堪，也算是一件开心事。

朝中一班大臣，平日嫉妒纪晓岚的不少，也都怀着落井下石的心态，准备瞧纪晓岚的难堪。让人意想不到的是，听了乾隆的话，纪晓岚居然没有为难之色，只见他略一思忖，谢主隆恩之后，径自退出大殿。

面对这样的结局，很多人都感觉乾隆的这个玩笑开得太大。乾隆自己也想：“虽然纪晓岚平日爱出风头，但真要让他马上就死，心里还真有点儿舍不得。”但如今的形势，明显已经骑虎难下。因为乾隆既然已经赐死纪晓岚，纪晓岚就得死，否则就是抗旨不遵，结果同样是死罪。

就在大家怀着忐忑的心情静观事态演变之时，纪晓岚竟然气喘吁吁地跑了回来。只见他扑通一声跪下，对乾隆说：“皇上，臣不能死呀！”乾隆说：“我已经赐你死了，你怎么不能死呢？”纪晓岚答：“我领旨出去，已经抱定以死表示忠心的。可我到了河边，准备跳河自尽，不料屈原从河里冒出来，劈头盖脸对我臭骂道：‘你小子真是混蛋呀，我当初跳河自尽，是因为楚平王昏庸无道。现在的皇上英明贤达，你这一死，岂不是给他脸上抹黑吗？’所以，经再三考虑，我还是回来了。”事已至此，乾隆皇帝也只好顺势说：“既然屈原都这么说了，你就继续辅佐朕吧！”

纪晓岚不仅保全自己的性命，还让那些想要让他难堪的人愿望落空。

3.能聚天下之财

日本伟大的推销大师原一平，出身于长野县的乡村，从商业专科学校毕业之后，只身闯荡东京。初到东京，他从报纸上看到明治保险公司的招聘广告，于是，跑去应聘。由于原一平身高只有145厘米，体重只有52公斤，看上去又瘦又小，负责招聘的高木金次只是瞥了他一眼，就说：“推销保险的工作不是那么好做的，你不能胜任！”高木金次轻蔑的一瞥，反倒激发了原一平不服输的斗志。他几乎是用质问的语气问：“请问在贵公司需要完成多少业绩？”“每人每月一万元。”原一平斩钉截铁地说：“没问题！我也能完成每月一万元的销售任务。”但是前七个月，原一平一分钱的保险也没推销出去，以至于房东把他的行李扔到街上，他自己不得不在公园的凳子上过夜。即便处于这样的境地，原一平也没有灰心、没有放弃。

有一天，原一平遇见一位老和尚，老和尚对他说：“推销保险之前，先要推销自己。”如梦方醒的原一平获得巨大的精神动力，之后不断地提升自己、战胜自己，到第九个月的时候，完成16.8万元的销售任务。他的业绩超过高木金次的要求，突出的业绩也为他赢得明治公司的礼遇，他也把公司的每一次提拔和重用当成是自己不断进取、不断超越的动力，终于，原一平成为20世纪日本最伟大的推销员。

在原一平的推销生涯中，成功把保险推销给三菱集团的每一位员工具有极其重大的意义。三菱集团是日本举足轻重的大公司，旗下包括汽车业、银行业，当然还有原一平供职的明治保险。有一天，原一平好不容易获准面见三菱集团的董事长串田，可是，见面之后，原一平刚一表明来意，串田就说：“你别拿保险这玩意儿来占用我的时间！”原一平没有退缩，而是大声对串田说：“您真糊涂！公司一直教育我们，保险业是神圣的！可您刚才说它是‘玩意儿’！我马上回去，告诉公司所有人您刚才说的话。”

原一平知道冒犯董事长的后果会很严重，他甚至做好辞职的打算。然而，他刚回到公司，就接到串田打来的道歉电话。事后，串田很快召开董事会，将三菱集团所有员工的退休金纳入明治公司的保险统筹安排。

4.能交天下之友

管仲年轻的时候家里很穷，又要奉养母亲。好友鲍叔牙就找管仲一起投资做生意。做生意的时候，因为管仲没有钱，所以本钱几乎都是鲍叔牙拿出来的。赚了钱以后，管仲却拿得比鲍叔牙还多，鲍叔牙的仆人看了就说：“这个管仲真奇怪，本钱拿得比我们主人少，分钱的时候却拿得比我们主人还多！”鲍叔牙说：“不可以这么说！管仲家里穷又要奉养母亲，多拿一点儿没有关系。”

有一次，管仲和鲍叔牙一起去打仗，每次进攻的时候，管仲都躲在最后面，大家说管仲是一个贪生怕死的人。鲍叔牙马上替管仲说话：“你们误会管仲了，他不是怕死，他是害怕没人照顾老母亲呀！”

后来，齐国发生内乱，鲍叔牙辅佐公子小白到了莒国，管仲辅佐公子纠到了鲁国。不久，齐王被杀，公子小白和纠都想做齐国国王，为了让纠当上国王，管仲领人在道路上暗算小白，可惜把箭射偏了，没射死小白。小白在鲍叔牙的帮助下当上齐国国王，也就是齐桓公。

齐桓公为了报答鲍叔牙，准备封他做宰相，鲍叔牙却说："管仲各方面的能力都比我强，应该请他来当宰相才对！"齐桓公说："管仲要杀我，是我的仇人，你居然叫我请他当宰相！"鲍叔牙说："此一时、彼一时，他那时辅佐纠，自然要全力帮助纠。日后他辅佐大王，同样会倾尽全力！"齐桓公说："很多人说，纠死后，原来追随他的人都自杀了，唯独管仲苟且活着，说明他是一个不知廉耻的人。这样的人怎么能出任宰相呢？"鲍叔牙说："管仲没死，不是不知廉耻，而是耻于没有建功立业、报效国家呀！"

齐桓公认为鲍叔牙的话很有道理，就任用管仲做宰相。管仲也不负所望，竭力辅佐齐桓公，使齐桓公成为春秋时期的第一个霸主。管仲后来说："生我的是父母，理解我的人是鲍叔牙。"后来，"管鲍之交"成为传诵千古的佳话。

5.能否极泰来

说话是一门艺术，深谙这门艺术的人，无论处于什么样的环境，无论谋求什么样的理想目标，都能左右逢源、否极泰来。

1644年，清太宗皇太极驾崩。由于之前没有选定皇位继承人，一场激烈的皇位竞争由此展开。当时，最有力的竞争者是皇太极的长子肃亲王豪格和皇太极十四弟睿亲王多尔衮。两大集团互不相让，眼看着就要上演一场最高权力之争的腥风血雨。

在此复杂的局面之下，竟冒出一个年仅31岁的女人，不仅轻易化解了一场政治劫难，自己也从中得到了实惠。这个女人就是皇太极的庄妃，顺治皇帝的母亲——孝庄皇太后。

顺治皇帝名叫福临，虽然也是皇太极的亲生儿子，但是当年仅有6岁，无论名望还是权势，都无法和豪格、多尔衮竞争。但是，庄妃另辟蹊径，首先找到代善，让他帮忙。代善是努尔哈赤的长子、皇太极的长兄，按照古代传长不传幼的惯例，努尔哈赤死的时候，继承皇位的就该是他，而不是皇太极。因为代善的大度和大局观，皇太极得以顺利继承皇位，不仅赢得皇太极的敬重，更赢得满朝上下的尊崇。

庄妃率先找到代善，对他说："豪格和多尔衮各不相让，势必引发大清皇室的内乱，无论谁胜谁败，最终受损的，都是大清政权！"代善对形势看得也很明白，也不想看到这样的局面，就问："有什么好办法吗？"庄妃说："办法不是没有，但首先需要您全力支援！"代善说："只要有利于大清政权，我一定会鼎力支持。"庄妃于是提出由福临继位，平抑豪格和多尔衮的冲突。代善觉得有理，答应了她的要求。

庄妃再找到多尔衮，说："你的才能和威望毋庸置疑，一统天下的宏愿也是众所周知。和豪格争斗，让大清内耗，显然不是你所愿见。我和代善已经商量好了，由福临出面主政，所有的军国大事都由你一人做主。你觉得怎样？"多尔衮想了想，说："只要不是豪格继位，我就没意见。"最后，她又找豪格，对豪格说：“多尔衮的威望和实力，大家都知道，你和他争，肯定会吃亏。现在大家都觉得由福临继位比较合适，你觉得呢？”豪格知道自己未必能赢多尔衮，于是说：“只要不是多尔衮继位，我就没意见。”至此，孝庄皇太后的计划圆满完成。

第二章

有准备，能守能攻奔成功

1.好口才不是与生俱来的

说话，看起来很简单，只要有一张嘴，只要发声器官功能正常，每个人都能够说话。但是，说话又是一门艺术，即便是针对同一件事，表述大致相同的意思，换了不同的人，结果就会大相径庭。

明朝的开国皇帝朱元璋，出身卑微众所周知，这在鼓吹“君权神授”的古代社会也是统治者所避讳的。朱元璋做了皇帝以后，有一天，一个从前的朋友跑来求见。见面之后，来人说：“我主万岁！当年微臣随驾扫荡芦州府，打破罐州城，跑了汤元帅，拿住豆将军，红孩儿当关，多亏菜将军。”朱元璋听了很高兴，把他留在身边重用。

朱元璋的另一位当年的玩伴听说此事，也来求见。见面之后，此人对朱元璋说："我主万岁！还记得吗？从前，我们都替别人放牛。有一天，我们在芦花荡里，把偷来的豆子放在瓦罐子里煮着，还没等煮熟，大家就抢着吃，把罐子都打破了，撒了一地的豆子，汤都泼到泥地里了。你只顾得从地下满把地抓豆子吃，却不小心连红草叶子也送进嘴里去了，叶子哽在喉咙里，还是我出的主意，叫你用青草叶子放在手上拍拍吞下去，才把红草叶子吞下肚子里去。"朱元璋听后，拂袖而去。随即，此人被杀。

其实，两个人都是朱元璋落魄时的伙伴，所说的又都是同一件事，结果，一个人被重用，得享荣华富贵；另一人却为此丢掉性命。为什么呢？关键在于说话。掌握了说话艺术的人，就是我们通常说的口才好的人。每一个人呱呱坠地时发出的第一声啼哭几乎都是一样的，没有高明与低劣之分，也就是说，好口才不是与生俱来的。

大凡在各个领域取得巨大成功的人，都具有口才出众的特质。反过来说，任何一个人想要成功，都需要从练好口才做起。好口才不是与生俱来的，只要自己有强烈的愿望和自信，只要遵循一定的规律和方法，就能使自己字字珠玑、舌灿莲花。

练好口才，提高自己的说话能力，进而熟练掌握和运用说话这门艺术，有些准备工作是必不可少的。正所谓磨刀不误砍柴工。本章此后各节将从内、外两个方面对相关内容做详细介绍。

2.理想的动力

掌握说话的艺术，把话说得得体，不能算是人生的理想，却是实现人生理想不能绕开的必经之路。

想要把话说好，想要掌握说话这门艺术，首先要正确认识掌握这门艺术的价值与意义。只有彻底明白把话说好对自己有着非常重要的意义，才能在行动过程中始终保持激情，才能在困难和挫折面前，始终保持坚定不移的方向，才能在辛勤付出之后收获成功的喜悦。

把话说好对我们每一个人有着怎样重大的意义呢？

人是社会性的群体动物，其生存、发展离不开自己所属的特定群体，其价值意义也需要通过特定的群体来实现。既然不能特立独行于所属的群体，就必须与群体中的其他成员交流和合作，就必须借助其他成员的帮助和支持。

掌握说话的艺术，说话得体，能够更容易树立自己良好的形象，展示自己独特的魅力，赢得别人的认同和尊重。

掌握说话的艺术，说话得体，能够更准确地表达自己的思想、观念和诉求，能够有效缩短自己和别人的距离，使自己的言语和行为更具效力。

掌握说话的艺术，说话得体，能够引起交流对象之间的心灵共鸣，为自己的工作和生活营造一个良好的氛围，为自己争取到更多的帮助和支持。

总之，每个人都需要与外界沟通和交流，都需要得到别人的支援和帮助，唯其如此，生活才会愉悦，事业才会成功。说话是否得体，决定了自己与外界的交流是否畅通，决定了自己是否能够得到别人的帮助和支持。归根究底，会不会说话，在很大程度上决定着一个人的人际关系，决定着一个人一生的成就！

认识到掌握说话这门艺术的重要意义，把它和自己远大的人生目标和理想联系起来，就能使自己获得巨大的内驱力，获取成功就是触手可及的事。

3. 坚定的信心

一个既盲且聋的女孩，通过自身努力，不仅掌握英、法、德等五国语言，还写了《假如给我三天光明》《我的生活》《我的老师》等广为传颂的优秀作品，最终被评为美国十大英雄偶像，荣获“总统自由勋章”。这个人就是海伦·凯勒。她曾经说过：“信心是命运的主宰。”

信心，对于每一个人都很重要。对于绝大多数普通人来说，大家的基本条件都差不多，没有谁比谁更聪明、更优越，但最终每个人的成就不同，关键在于你对自己是否有信心！

每个人都会说话，但不是每个人都能够把话说好。决定一个人能否把话说好的关键，在于是否对自己有信心，相信自己能够把话说好。

对于绝大多数人来说，面对陌生的人、陌生的环境，说话、做事，都难免有胆怯的心理。这个时候，要是没有自信，就很难把话说得得体、把事情做得圆满。尤其是说话，需要面对面地交流，毫无回旋的余地。只要心存胆怯，就会开口之后忘记自己真正想要说的是什么，就会含混模糊、词不达意，既不能清楚、准确地传递自己的思想和诉求，还有可能给对方留下不良的印象。

反过来，只要你有充分的自信，说话的时候就能吐词清晰、不疾不徐、优雅从容，不仅把自己的思想和诉求准确无误地传达给对方，还能以自己的良好形象和个人魅力感染和打动对方。

小泽征尔是世界著名的交响乐指挥家，年轻的时候，在一次世界大赛中，他按照评委会给的乐谱指挥演奏，敏锐地发现不和谐的音律。他的第一反应是乐队演奏出错，于是停下来重新演奏，结果还是一样。他肯定是评审会提供的乐谱有问题。可是，在场的作曲家和评审会的权威人士说，乐谱绝对没有问题，是小泽征尔错了。面对一大批音乐大师和权威人士，他思考再三，最后无比自信地说："不！一定是乐谱错了！"不料，他的话音刚落，评审席上的评审们立即站起来，对他报以热烈的掌声，祝贺他大赛夺冠！

4.饱满的热情

印度伟大的诗人、文学家泰戈尔说过："激情，是鼓满船帆的风。风有时会把船帆吹断；但没有风，帆船就不能航行。"

每一个人，无论做任何事情，都需要一定的动力。对于每一个亟须掌握说话这门艺术的人来说，有了远大的理想，有了坚定的信念，就可以从中获得行动的原动力，帮助自己向既定的目标前进。但是，任何一件有意义的事情，都不能轻易完成，如果缺乏恒久的动力，浅尝即止，终究不会成功。想要顺利完成一件事情，我们需要饱满的热情，甚至是洋溢的激情。

譬如一个男子爱上了一个年轻貌美、品位高雅的女子，想要和她喜结连理，共度美好人生，这原本是一件无比幸福的事情，但假如自己是一个缺乏热情的人，不能把自己对对方的爱慕转化为具体有效的行动，就不可能达成心愿。爱上对方，首先应该向对方表白。但是仅表白还不够，因为爱情是崇高的、神圣的，不能等同于市场上买几斤青菜、萝卜，要是那样轻易得来的，也就不能算作爱情。你的表白，即使方式足够浪漫、绅士，对方也未必马上就能接受，你还得进一步地努力。

你爱上对方，但对方对你还不甚了解，当然不可能轻易接受你的爱。倘若你是真正爱对方，就应该对她充满热情，并一点儿一点儿地把自己的热情和真爱呈现在她的面前。当对方对你有了充分了解，心里认可你的才华、人品之后，出于女人固有的矜持，也许还会和你保持一定的距离。你不应该因为对方的若即若离而削减自己的热情，而是要更加努力。只有这样，才能精诚所至、金石为开。

说话每个人都会，想要把话说好，就需要掌握说话的艺术。

每个人都难免有言语不适当、语无伦次、欲辩忘言的时候，这些都没关系。重要的是，始终保持向上的热情，不断地总结经验和教训，从点滴中累积，每天进步一点点，由量变转化为质变。

5.丰富的学识

说话，是通过语言的形式，传达自己的思想、情感，从而达到与人交流、沟通的目的。想要自己说出的话言之有物，首先得让自己的脑子里有独到的观念认知，使自己的内心饱含丰富的真情实感。倘若自己不学无术，脑子里没有对具体事物的真知灼见，只是凭借自己的嘴快，在那里滔滔不绝、口若悬河，结果只会是贻笑大方。所以，想要自己说出的话中肯、动听，首要的一点就是不断提高自己的学识修养，不断丰富自己的知识。

在当今知识爆炸的时代，学习已经是一个很广泛的概念了，不只是坐在课堂上的孩子要刻苦学习，即使走上了社会，也要继续学习、不断学习。不仅要学习书本上的知识，还要多渠道、多层次地学习。既要立足于自己的特点和长处，在自己擅长的领域精益求精，还要密切关注新生事物，关注社会焦点，把握时代的潮流和方向。

谦受益，满招损。学习过程中，最忌讳的就是骄傲自满、目中无人。对同一件事，每个人都可能有自己独到的见解，不能因为别人的观点与自己相左，就觉得别人的观点是错的，更不能在说话的过程中流露出鄙夷的态度和神情。

要不断提高自己的学识修养，开阔自己的视野，并保持平和的心态。在自己的专业领域，要尊重资历比自己高的前辈和专家权威，但又不迷信前辈和专家权威。要虚心求教，也要认真考证，去伪存真、去粗取精。

学习的途径和方法不一而足，关键在于自己要有急切感和紧迫感。要把工作、生活和学习紧密结合起来。要事事用心，处处留意。要随时把提高学识修养、丰富知识，同掌握说话这门艺术紧密联系起来，同提高生活品质、实现人生价值紧密联系起来。

6. 真挚的情感

会说话，说出的话能够打动人心、引起对方的共鸣，靠的不是侃侃而谈，是真情实感。前面说的言之有物、句句中肯，是要晓之以理，这里的打动人心、引起共鸣，靠的是动之以情。

以真挚的情感打动人心，让人感觉你的每一句话都是发自肺腑的，靠的是说话者对说话对象由衷的关爱之情。

我们面对的说话对象有着极大的不确定性：年龄、性别、身份地位、脾气性格、学识修养等的差别，都是客观存在的，要求我们对每一个说话对象都满怀关爱之情，似乎有点儿勉为其难。有很多的说话对象与自己的交情不是很深，有的甚至是素昧平生，关爱之情从何而来呢？关键在于自己的爱心培养。

爱心源自于博大的胸怀和积极乐观的人生态度。只要一个人有容纳万物的博大胸怀，有积极向上的乐观态度，世界上的万事万物，在自己的眼里都是可爱的，世界上的每一个人，都是值得我们为之付出感情的。所以，培养爱心，首先从爱自己、爱生活开始，然后向外推延和扩展，爱自己的家人和朋友，进而爱身边的人和物，再上升为爱世间的万事万物。

需要注意的是，说话对象差别极大，关爱说话对象，绝对不是只挑好听的话来说，不是一味地讨好对方，不是卑躬屈膝说肉麻的话。要知道，人与人之间，无论身份、地位有多大的差别，人格上都是平等的，没有高下之别，所以也没有刻意委屈自己而去讨好别人的必要。有的时候，违背自己的内心，刻意讨好别人，极有可能被别人认为你矫情造作，怀疑你怀有不可告人的险恶用心。倘若因此使对方对你怀有戒备之心，岂不是画虎不成反类犬？

因此，说话动之以情，需要建立在晓之以理的基础之上；晓之以理是前提和基础，动之以情是有效的辅助手段和催化剂。即便出于特殊的需要，为了让对方高兴，也不可过于浅露和直接，而应委婉和把握分寸。

7.善于借鉴

见什么人说什么话是有道理的。会说话，说出的话让人觉得动听，需要在不同的时间、场合，针对不同的对象，说不同的内容。无论时间、场合，还是说话的对象，甚至自己说话需要达成的目标、愿望等，这么多的因素，看起来都各有不同，显得纷繁复杂，让人有难以驾驭、望而生畏之感。这就要求有志于掌握说话艺术的人，要善于学习借鉴。

政治家大多都是优秀的演讲大师，他们的讲话具有极大的煽动性和感染力，唯有如此，才能收到他们想要的一呼百应、领袖群伦的效果。学习、借鉴他们的成功经验，是有志于掌握说话艺术的人的不二选择。

二战时期的英国首相丘吉尔，就是一个会说话、能打动人心的政治家。当第二次世界大战中大不列颠孤立无援、毫无防御能力之时，他用他的决心、战斗到底的语调和幽默诙谐的调侃，激励人们去抵抗、去战斗、去获取胜利。瑞典文学院给他的评价是：“丘吉尔成熟的演说，目的敏捷准确，内容壮观动人。丘吉尔在关键时刻滔滔不绝的演说，另有一番动人心魄的魔力。”其他如印度“圣雄”甘地，美国前总统肯尼迪、克林顿，都是以口才著称的政治家。

需要强调的是，政治家的口才不是天生的，他们的说话技巧也都不是与生俱来的。中国古代的陈胜，不过是农夫出身，但在宣布大泽乡起义之时，他对大家说：“我们大家在这里遇上了大雨，已经不能按时到达渔阳，按照秦朝法律会被杀头。就算不被杀头，前去戍边的大多难以生还。壮士不死就算了，要死也要死得轰轰烈烈！王侯将相哪有什么一定的出身？！”虽然简短，但却切中要害，得到了天下人的回应。

除了政治家，外交家、推销大师都是以善于说话而著称的。

学习、借鉴他们的成功经验，对每一个有志于说话艺术的人都会有莫大的帮助。

除了借鉴名人、伟人的经验，还应该学习身边人的长处。无论亲友还是同事，他们身上总有值得借鉴的地方，向他人学习，能使自己吸取营养、不断进步。

8. 用心设计细节

按照说话的时间、场合、对象、作用，大致可以把说话分为两种不同的类型：其一是非正式场合的说话，其二是正式场合的说话。

非正式场合说话，只要能够把自己想要表达的意思传递给对方，让对方理解就行了，无需讲究太多的方法和技巧。正式场合讲话，因为关系重大，不容有丝毫的闪失，在可能的情况下，最好事先对相关细节做相关的设计。

事先设计，第一要紧的是讲话的内容。因为只有言之有物、言之有理才能打动听众，所以需要围绕讲话的主题，对讲话的内容进行整理。有条件的情况下，最好形成书面文字，便于及时发现问题并有效处理。实在不行，也要打个草稿，认真斟酌。只有这样，讲话之时才能主题鲜明、中心突出，从而保证听众明白和接受自己的思想、观念。

其次是讲话的方式和方法。要注意自己的衣着形象、自己的神态表情、语速的快慢、语气的轻重、内容的逻辑安排等。

另外，事先设计细节，应该对可能出现的突发状况做出预判。譬如针对自己的说话内容，不同的听众可能会有不同的理解和感受，从而提出一些独具特色的质疑和问题。真正做到有备无患，使一切都处于自己的掌控之中。

一切都设计妥当之后，视其情况，要是关系特别重大的讲话，最好事先按照设计的程式进行演练，并针对演练的效果进行修正和补充，直到自己满意为止。

对于众多刚进入职场的年轻人来说，在正式场合发表重要言论的机会其实并不多。正因为机会难得，更需要珍惜和把握；也因为自己年轻识浅、经验不足，更是需要事先做好充分的准备。相信在一击得手之后，所有人都会对你刮目相看，你的事业前景和人生道路就会变得无限广阔。

生活中有太多正式讲话的场合，但却是不期而至，容不得一个人做过多的准备。在这种情况下，最好的处理办法就是不急于开口说话，让对方先说，让其他的人先说，给自己尽可能多的准备时间和空间。

9.不断总结，不断进步

任何人做任何事情，都不能存一蹴而就之想。浅尝辄止，遇到一点儿困难和挫折就退缩，纯属懦夫行为。

心里想到什么，就不假思索地说出来，也不顾自己所说的话会引发什么样的后果，这是不可取的。要把话说得中肯、动听，达到自己心里预期的效果，就需要掌握说话的艺术。每个人都不是天生的演说家，练习说话，也像做其他任何事情一样，都需要有一个循序渐进的过程。

学会说话，迈出第一步非常重要。缺乏演讲经验的人，就算自己的性格非常开朗活泼，尽管在自己熟悉的家人、朋友面前讲话可以口沫横飞，但只要遇见陌生人，或者面临正式的严肃场合，立刻就变得语无伦次、含糊不清了。对于这种情况，最要紧的是克服胆怯心理，敢于大胆说出自己心里想要说的话。

由于缺乏经验，准备也不够充分，每一个人第一次在重要场合说话，都难免会犯这样的错误，有的时候甚至会出洋相，引得别人哄堂大笑。这都没关系，是正常的。对于想掌握说话这门艺术的有志者来说，第一次当众讲话的效果，远不如过程重要。

想要第一次“出人头地”就赢得满堂彩，几乎不可能，也完全没有必要。有的时候，表现越差，结果越坏，暴露出来的问题越多，越有利于自己归纳总结。倘若效果不错，让自己沾沾自喜，实际上就等于把自己很多固有的缺点和毛病都掩藏住了。不能及时发现自己的不足，就难以进步和提高；只有及时发现自己的缺点和不足，并采取补救和改进措施，一个人的说话水准才会不断提高、日益精进。

由于说话的时间、场合，面对的对象，都具有很大的不确定性，所以，即使迈出大胆表达的关键一步，甚至在积累相当的经验，感觉能够驾轻就熟之后，某一突发的状况，还是有可能毁掉自己的清誉。因此，我们应该始终保持谦虚谨慎的态度，养成每次重大场合讲话之后都认真总结的好习惯。

第三章

认对象，句句道进心坎里

1. 不可对牛弹琴

说话的目的在于交流和沟通，是主体和客体之间的互动。说话的人是主体，传输自己的思想观念和内心诉求；听话的人是客体，接受主体的说话内容，并适时给予一定的回馈。会说话的人，首先要根据说话对象的实际情况，采用一定的技巧和方法，让自己的话打动对方的心，使自己的思想观念被对方接受或认可，从而达到自己的目标。否则，如果忽视了说话对象的具体实际，只是自己一厢情愿地滔滔不绝，就等于是对牛弹琴，不仅起不到任何作用，有时还会适得其反。

世界上的每一个人都是相对独立的个体，同样一句话，不同的人听了会有不同的感受和反应。因此，学会说话，就要认清说话对象，根据对方的不同特征，采取不同的说话方式。

首先是说话对象的身份、地位。人与人之间需要互相尊重，尊卑之序不能随意混淆。特别是对方为自己的部门主管、顶头上司时，更要小心谨慎。

其次是说话对象的性格和喜好。就算是同样的部门主管和顶头上司，性格和喜好也会截然不同，有的豪放粗犷、不拘小节，有的严谨认真、注重细节，有的平易近人，有的自恃身份……如果说话时不加区别，随性而为，绝对不会有好的结果。

再次是自己和说话对象之间的关系远近。就算是一个部门里的同事，会有性格脾气、志趣爱好的差异，或是一起工作时间长短的不同，自然有关系亲近和关系疏远之别。说话之时，对关系疏远的人不可交浅言深；对于关系亲近的人则应推心置腹。

最后是说话对象的情绪状态。正常情况下，每个人都会表现出相对稳定的性格特征和行为作风，而一旦受特殊事件的影响，就会一反常态。譬如自己的顶头上司，原本是一个性格开朗、为人随和的人，却因家里遇上麻烦，或者刚被自己的上司训斥之后，情绪自然不好。此时，就要求说话者善于捕捉相关信息，适时调整说话的策略。

2. 怎样和上司说话

一旦进入职场，每个人都不可避免地会有自己的上司。虽然在人格上每个人都是平等的，工作在不同的职位，也只是分工的不同，但是自己和上司之间还是有所区别的。

上司是管理自己的人，要指导和监督自己工作，自己的工作需要向上司负责。上司负责对自己的工作能力和工作成绩的考评，考评的结果，直接决定自己将来的升迁和发展。和上司建立好关系，得到上司的信任和认可，有助于自己的发展。否则，一旦和上司交恶，你的前程也就变得灰暗。

和上司说话，首先要消除紧张的情绪和害怕的心理。上司是人，自己也是人，没有高贵和卑下之别。只有克服了紧张和害怕，说起话来才能够思路清晰、举止大方，才能赢得上司的尊重。否则，如果只是因为紧张和害怕导致自己唯唯诺诺、口齿不清，很容易使上司对你的能力产生怀疑。一旦上司怀疑你的能力，再想得到上司的赏识和重用，就比较困难。

其次是要对上司尊重，即使自己在工作上取得相当不错的成绩，得到夸赞，也不要沾沾自喜，而应强调上司对自己的培养和帮助。上司对每一个下属的培养和帮助都是客观存在的，要是因为自己有了一点儿成绩就忘乎所以，就会给上司留下狂傲自大的印象，就等于否定了上司对自己的帮助和培养。如此一来，再想得到上司的青睐和帮助，简直就是痴人说梦。

最后要适时维护上司的威信。无论如何，都不能当众顶撞和驳斥上司，不能损伤上司的颜面。即使上司真的有错，也要以温和的语气委婉地提出来。

3.怎样和下属说话

作为一个上司，需要时刻谨记：下属是自己工作上足可信任、必须依靠的伙伴。没有下属辛勤努力地工作，你就不会有任何业绩，公司就不可能向前发展。

既然员工和下属是自己必须依靠和信任的对象，作为一个称职的上司或老板，就要给予他们足够的尊重和信任，就要想尽一切办法激发他们的工作热情。

和下属说话，需要注意哪些问题呢?

首先要尊重下属。上司是人，下属也是人，彼此在人格上是平等的。尊重下属，就要尊重下属的人格。对下属说话，态度一定要平易近人，语气一定要温和、亲切，即使下属在工作中出现错误，也切记不要侮辱他们的人格，更不可口不择言地责骂他们。尊重下属，尽量不要说责怪下属的话，即使他们在工作中出现错误，也要首先从自己的身上查找原因，要勇于承担责任。

其次要信任下属。下属是自己工作中的合作伙伴，每个人都有自己的角色地位，都是团队里不可或缺的一分子。要相信他们有足够的能力和责任心，相信他们能够完成自己的工作任务。信任下属，说话的时候，多用鼓励和期待的语气和词汇，少用埋怨和质疑的语气和词汇，能够完全不用，那是最好。

再次是激发员工的工作热情。每个人都有追求成功、实现自我价值的心理需要。即便下属从事的工作是最普通、最平凡的，他们同样需要被认可，需要被尊重。因此，上司和下属说话，一定要强调每一个下属工作的重要性，激发他们内心深处的神圣感和使命感。

最后是帮助下属取得成就。身为上司要明白，作为一个团队的主管者，要有强烈的责任心，要彻底摒弃高高在上的优越感，要积极创造条件，帮助下属取得成就。交代工作任务时，一定要简洁、明确，不可模棱两可和含混不清；要随时关注下属的工作进展，发现问题，要及时指出来，帮助其及时改正；哪怕是下属取得小小的成绩，也要适时鼓励和褒奖，帮助他们取得更大的成就。

4. 怎样和同事说话

同事的含义有两种，广义地讲，只要和自己在一个部门工作的人，都是自己的同事，既包括自己的上司，也包括自己的下属。狭义地讲，同事是和自己在一个部门工作，职位方面没有隶属关系的人，也就是部门里除了上司和下属，职位和自己平行、不交叉的人。针对上司，你的身份是下属；针对下属，你的身份是上司；针对同事，你的身份同样是同事。我们已经专门解说怎样和上司及下属说话，所以这里所说的同事，就是狭义的同事。

同事之间，虽然职位和身份并不交叉和隶属，但并非两者之间就毫无关系、各自为政。

首先，你们既然身处同一个部门，就是同在一个屋檐下，总体目标相同，利益得失也是相互关联，正所谓一荣俱荣、一损俱损。

其次，只要是正常运转的部门和团体，每个人都像是一部机器上的某个零部件，都有自己特殊的价值作用，只是所处的位置不一样。整个机器要正常运转，每个零件都应处于良好状态，只要某个零件出了问题，整个机器就会陷入危险甚至是瘫痪状态。同样的道理，如果只是一个零件状态良好，其他的零件有了问题，机器不能正常运转，这个零件的价值也就无从体现。

同事之间应该相互尊重、支持，紧密配合，彼此帮助，共同进步。和同事建立关系，等于是赢得良好的人际网络，就能得到大家的鼎力支持和帮助。

现代社会，每个人的压力都很大，很多压力是直接来源于工作。在大多数人看来，工作的目的是赚取收入，提高生活品质。要是你不分时间和场合，总是把工作的内容挂在嘴上，容易让人生厌。也不要随便评价自己的上司和同事，尤其不要在背后说他人的坏话。

5.怎样和客户说话

客户首先是自己的工作对象，其次才是自己的说话对象。企业要赚钱，要生存发展，就需要有客户来购买自己的产品，就需要有客户来购买自己的服务。经营企业的终极目的，就是赚取最大利润，从这个意义上讲，客户就是上帝。

和客户说话，就是要用自己企业的产品或服务打动对方，用产品或服务满足客户的需求，让客户自愿购买你的产品或消费你提供的服务，从而达到为企业赚钱的目的。

和客户说话，要始终牢记“客户至上”的宗旨，一切围绕客户的需要而展开，尽一切努力让客户满意。具体来讲，以下几个方面必须注意：

首先，要热情主动。主动说话，笑脸相迎，把自己最阳光灿烂的形象展现在客户的面前，让客户由你个人的良好形象，推及企业的良好形象，再推及公司产品或服务的优良品质。说话过程中，要主动说明客户最关心的问题，解除其后顾之忧，不要等客户问到了才仓促回答。

其次，要赞赏和迎合客户的观点。客户提出自己的观点，肯定有他的道理，同时也表现他的需求和所关心的问题，赞赏和迎合其观点，等于是在彼此之间架设起一座沟通的桥梁，使双方的交流再无阻碍。在此良好的氛围之下，客户也会不自觉地接受你的观点。

再次，永远不要对客户说“不”。即使客户的观点和自己的观点不符，甚至是互相对立，也不要立即驳斥对方，而应该以委婉的方式陈诉和坚持自己的观点，并让对方认可和接受。即使客户提出的某些要求自己暂时不能满足（请千万记住，只是暂时不能满足，不是永远不能满足），也不要对客户说“不”，而应说自己和公司会想尽一切办法满足客户的需要。至少让客户对你和公司保留希望，合作才能深入进行。

最后，即使交易和合作没有成功，也不能堵塞双方再度合作的通道。交易和合作不成功，不能说是自己的产品或服务不能满足客户的需要，也不能说客户对你提供的产品或服务没有兴趣。只能说是自己公司的产品或服务有待于改进和提高。即使是合作告吹，也要为双方的下一次交易和合作种下希望的种子。

6.怎样和家人说话

家人和自己有血缘之亲，彼此熟知、关系亲密，但是，家庭成员之间太过随心所欲，也会言语失当，也会使自己在原本和睦的家庭关系中处于尴尬的境地。而且在家里学会说话，到外面说话才能更得体，在家里的关系中如鱼得水，到了外面的世界才能游刃有余。

中国是传统的礼仪之邦，和家人相处，和家人说话，应该把传统的尊卑长幼之序，作为贯彻始终的前提和恪守不变的原则。

首先，父母等长辈在家庭中居上位，是自己必须礼敬的。虽然过去讲“天下无不是的父母”这句话，在今天看来未必完全正确，但父母生养我们，尊敬他们、孝顺他们，都是我们后辈的职分所在。和父母说话，应集中表现在一个“礼敬”上面，而且是发自肺腑，表现在言语之间。必须承认，由于时代的不同，自己和父母之间，对某些问题的观念和看法肯定会有所不同，对此，作为子女，即便明知自己的主张是对的，父母的主张错误，也没必要与其争辩。最好的办法是巧妙转移话题，或者表面上顺从父母的主张，待适当时机再说服父母。

其次，夫妻之间是彼此关系最为亲密的人，必须相互扶持。但是很多时候，我们常常会因为知己朋友而忘记对方，也有可能因为父母或子女而忽视对方。但夫妻双方，自从结合的那一天开始，就注定是你中有我、我中有你，难以割舍。即便从利益角度考虑，夫妻之间也是应该利益共同、进退相随。特别是在危难关头，更要相互依赖、相互扶持。夫妻之间说话，可以不拘于形式，但必须遵循一条原则：身为男人，给自己的女人最细心的呵护；身为女人，给自己的男人最体贴的关怀。

再次，子女是自己生命的延续，是社会发展进步的希望所在。无论从家庭的角度还是社会的角度，父母都要对自己的子女满怀关爱之情。每个孩子都是在不断成长的，不同时期的孩子，具有不同的性格特点，父母教育孩子，除了遵照孩子的特点之外，晓之以理、动之以情是可以贯彻始终的良好方法。即使孩子不断犯错、屡教不改，父母也要有足够的耐心和包容心，做到不抛弃、不放弃。

7.怎样和陌生人说话

交流和沟通，原本就是从两个相互陌生的人开始，学会和陌生人交流，知道怎么和陌生人说话，对一个人人际交往和说话能力的提高都会有极大的帮助。

万事开头难。因此，和陌生人说话，首先要克服自己的畏惧和害羞心理。“人之初，性本善”，每个人都有和别人交流的需求和愿望，只要你心里是这样想的，并据此而积极行动，畏惧和害羞的心理就会自觉地消失。

和陌生人说话，应尽力消除对方的戒备心理，拉近与对方的关系。自我保护是每个人与生俱来的本能，一旦有陌生人主动和自己说话，很多人都会以异样的目光打量对方，同时质疑此人的动机。和陌生人说话之前，最好和对方正面相对，以便对方看清你的整个身体，确信你没有伤害对方的意图。

为了有效缩短彼此的心理距离（身体需要和对方保持恰当的距离），身体一定要放松，面部一定要带着微笑。开口说话之时，语气一定要轻柔，语速不能过快，言词一定要清晰，使对方在最短的时间内明白你要表达的意思。为了达到这个目的，最好在说话的同时伴以适当的肢体语言或手势。

想让一个陌生人迅速在心里真正完全接纳另一个不熟悉的人，比较困难。

和陌生人说话，一开始就谈实质性的问题，往往徒劳无功。比较好的办法是避重就轻，先谈一些无关痛痒的轻松话题，融洽彼此之间的气氛，消除对方的戒备甚至敌视态度。等对方在心里认可和接纳你之后，再谈核心话题，收效会好很多。

8.怎样和傲慢无礼的人说话

为人处世，需要保持谦虚谨慎、戒骄戒躁的优良作风，保持温和有礼、朴实宽厚的高贵品格，这样才能使自己赢得更多人的尊重和爱戴。当你遇到一个傲慢无礼的人时，你越是谦虚有礼，对方的傲慢无礼会变得越加厉害。在此情况下，双方在彼此心目中的地位完全失衡，即使你费尽心力，也很难和对方很好地交流和沟通。

美国反映南北战争的浪漫主义小说《飘》的问世，引起社会的极大反响，为此，相关的权威机构召开了关于这部伟大作品的研讨会，应邀出席这个研讨会的都是当时在世界文坛有一定影响的作家和评论家。研讨会开始前，有一位男作家遇见玛格丽特·米切尔，两人便交谈起来。男作家问米切尔写过多少作品，米切尔说："不好意思，只有一部。"听说对方居然只写过一部作品，男作家的眼里明显流露出不屑的神情，随即大谈自己写了很多作品，傲慢之情溢于言表。在一番高谈阔论之后，这位男作家随口问道："请问你写的作品叫什么呢？" 玛格丽特·米切尔说："《飘》。"那位男作家立即羞愧地低下头。

这位男作家也许不是那种眼高于顶、傲慢无礼的人，但是这个故事同样告诉我们，和傲慢无礼的人说话，"以己之长，攻彼之短"不失为一种行之有效的好办法。男作家作品很多，这是他的长处和赖以骄傲的资本，但是他作品的影响力和知名度都不如米切尔的《飘》。米切尔的回答也许不是有意让他难堪，但能使其由傲慢无礼变得肃然起敬，显然是一个令人称快的结局。

现实生活中，傲慢无礼的人并非全都是自我膨胀的无能之辈，大多都有引以为傲的资本。但人无完人，尤其是傲慢无礼的人，绝对有他们的短处和不足。只要你能敏锐地捕捉到对方的弱点，以己之长、攻彼之短，对方的傲气就会瞬间化解。

和傲慢无礼的人说话，还有一种行之有效的策略，就是“借力使力”。利用对方因傲慢无礼而留下的漏洞，施以巧妙还击。

总之，和傲慢无礼的人说话，首先要消磨掉对方的傲气。只有使双方处于平等的主体地位，交流和沟通才能取得理想的效果。

9.怎样和性格急躁的人说话

性格急躁的人，最显著的心理特征，就是注意力很难长时间集中在一个人或一件事情上；最明显的行为特征，就是说话做事来去如风，绝不作过多的停顿和滞留。

性格急躁的人，更看重自己的行为及其行为的结果，他们宁肯多做事，也会少说话，即便非说不可，也是简单明了地交代几句了事。在他们看来，别人是否听清楚自己说的话似乎并不重要，只要他们自己觉得已经说清楚就行了。如此看来，想要性格急躁的人耐着性子听自己说话，似乎是一件很困难的事情。

通常情况下，性格急躁的人，注意力难以长时间地集中，容易分散和转移，但是，只要你给予的刺激物有足够的吸引力，就能彻底改变局面，确保性格急躁的人精神专注。所以，和性格急躁的人说话，事先要有足够充分的准备。要认真分析对方的性格特征和爱好倾向，精心组织自己要说的语言，巧妙设计自己的说话方式和内容，力求迅速吸引对方的注意力，并让对方欲罢不能。

和他们说话时，最好把自己的理想目标进行合理地分解，按阶段去执行和实现。一旦发现对方的注意力已经分散和转移，再多说纯属徒劳，最好适时打住，再约下次见面和商谈的时间、地点。

和性格急躁的人说话，在特殊情况下，也可以采取“以柔克刚”的策略。比如，当保险推销员找到一个潜在的大客户，但对方是一个性格急躁的人，这种情况下，一次或几次拜访都未必能够成功，放弃却又可惜。可行的办法，就是在不影响双方正常工作和生活的情况下，只要有机会、只要有时间，就出现在对方面前，就向对方推荐自己的产品。想必在持之以恒后，总会迎来成功的时刻。

和性格急躁的人说话，在有充分把握的准备后，也可以采取“以急制急”的策略。比如你的计划或建议对对方真的很重要，对方也能充分认识到这点，但是由于事务繁多、性格急躁，不能好好地听你的解说。这个时候，假如你表现得比他还要急，说不定就能打动对方，让其有耐心听你解说。

10.怎样和情绪低落的人说话

“人有悲欢离合，月有阴晴圆缺”，每一个人，无论情感还是事业，都不可能没有起伏和波折。在事业稳步上升、家人幸福安康、夫妻恩爱有加的时候，每个人的内心都会被幸福和愉悦包围。此时，人们看什么都觉得特别顺眼，做什么都觉得特别有劲，吃什么都觉得特别美味，整个人的情绪处于高度亢奋的状态。相同的道理，当一个人事业受挫、家人生病、夫妻闹别扭时，就会看什么都不顺眼，做什么都提不起精神，吃什么都觉得没胃口，情绪极度低落，成天摆出一张苦瓜脸。

突然的打击，会严重影响一个人的情绪。情绪低落的人，在待人接物、说话做事方面，都会大大异于往常。甚至会一反常态，变得和往常判若两人。情绪调整，说起来是每个人自己的事情，但一个人情绪低落的时候，也是内心感觉特别孤独的时候，特别需要来自外界的温暖和帮助。倘若你此时伸出援手，即便不能给予太多的援助，只要你做了，哪怕是几句安慰和鼓励的话，也会让对方铭记于心。

比如你公司里的上司，因为工作上的小失误，被公司老板借题发挥，狠狠修理一顿，甚至还说了一些难听的话，这位上司的心里肯定不会好受。尤其是工作上的失误，责任并非全在他一个人时，他的情绪状态更是可想而知。此时，作为同事和下属，要是一副事不关已、高高挂起的漠然态度，显然是不合时宜的。无论之前你们的个人交情如何，都要给予对方适当的安慰和鼓励。当然，尽管只是在口头说几句安慰和鼓励的话，也需要讲究方法和技巧。总而言之，态度要诚恳，语言要恰当，千万不能让对方产生你在幸灾乐祸、落井下石的误会。

除了上司，身边的人随时都可能出现情绪变化，都需要我们适时给予安慰和鼓励。因为每个人的特点不同，身处的环境不同，造成情绪低落的原因也不尽相同。给予他们安慰和鼓励，首先，要弄清事情的真相，知道对方情绪低落的原因；其次，要从双方的实际情况出发，给予对方最需要的也是自己力所能及的安慰和帮助；最后，要分析对方的脾气和性格特点，采取合适的、对方乐于接受的方式安慰和帮助对方。

第四章

看场合，随时随地不失言

1. 怎样区分说话的场合

简单地讲，说话的场合，就是说话时自己所处的环境，这也是我们与人谈话时需要注意的要素。

说话的目的，在和别人沟通交流，是说话者与听众之间的双边互动。只要你说的话具有一定内涵，需要听者清楚明白，甚至需要听者做出一定回应时，就必须考虑环境因素。譬如“你吃了吗”，是过去见面打招呼最常用的问候语，绝大多数情况下说这句话都没什么问题。但是，假如你和对方在厕所里面相遇，也用这句话和人打招呼，显然不妥。

每一次说话时的环境都是特定的，都会和你以前或之后说话时所处的环境不同。说话者需要根据特定的说话环境，选择恰当的说话方式和技巧。

说话时所处的环境，也就是说话的场合，是由多种因素综合构成，主要包括时间、地点、人物、主题等几个方面。这几个方面既有相对独立的特性，又相互紧密联系和作用，从而构成特定完整的说话场合。

一天可以划分为24小时，还可以划分为早、中、晚等不同的时段。不同的时段，每个人的心情可能会不一样，说话的对象、地点可能不一样，说话的主题也会不一样，因此，与其说话的技巧和方式也应该不一样。

地点，就是说话时所处的地理位置和空间环境。在家里和在公司是不一样的；在办公室和在餐桌上是不一样的；在会议室和在旷野里是不一样的；在休闲娱乐场所和在谈判桌上是不一样的。凡此种种，都应该认真区别对待，才能收到最佳的说话效果。

2. 当太阳升起的时候

正如俗语说的那样："一年之计在于春，一日之计在于晨。"当新的一天开始，作为一个热爱生活、追求成功的人来说，无论自己处于什么境况，无论前一天发生过什么事情，都会以饱满的激情、昂扬的斗志、美好的憧憬去拥抱初升的太阳。

当你怀着这样的心情开始一天的新生活时，应该想到，其他人的心态和你也是相差不多。因此，早上和人说话，最重要的是不要破坏对方的良好心情。

早上出门，无论和家人告别，还是到公司和同事见面打招呼，都应该面带微笑，以良好的精神面貌感染人。话语不宜多，以相互激励为目的；即使一句话也不说，一个肯定的眼神、一个彼此默契的动作，都能起到很好的作用。

早上的时间，对每一个人都很珍贵；早上的良好情绪和状态，对所有人都很重要。如果在早上和人接触交流，无论是自己的至亲，还是关系极好的朋友，抑或公司的同事，以及合作的厂商，甚至是素不相识的人，请千万不要触了别人的“霉头”。要说就说别人听了感觉舒服的话，说别人听了会振奋精神的话。否则，一旦破坏了别人的心境和情绪，别人一天情绪不好，你也不会开心。

如果自己是公司老板或部门主管，早上开会，会议时间要尽量简短一些，讲话的内容应该精要、简明，语气要有鼓舞性，对前面大家工作中存在的问题和不足，能够不提的尽可能不提，如果非说不可，最好不要针对某个人，不要破坏每一个人的良好情绪。

如果自己是一位推销员，前去拜访客户的时候，衣着一定要大方得体，要满怀信心，把自己的情绪调整到最佳状态，用自己良好的形象感染客户，把自己良好的状态传递给客户。只要客户对你有信心，就会对你推销的产品和服务有信心，成功的可能性就会很大。要是客户拒绝，并非他对你和你推销的产品和服务完全没兴趣，可能是对方的事情太多，忙不过来。此时，请不要过多纠缠，最好礼貌告辞，约好下次见面和商谈的时间。

3.办公室闲谈怎么说

一间办公室，少则三五人，多则十多个人，每个人都成天像机器一样为了工作而运转，凡事一板一眼不开口说话，这几乎是不可能的。无论是某一个人有新鲜话题率先发起，还是大家闲来无事寻找话题，办公室里的闲谈都是不可避免的。

同一个办公室的同事，虽然彼此都不陌生，但交情的深浅差别还是存在；虽然同间办公室里的同事都是效力于同一个主体，但职位有差别、入职年限有先后、具体的利益分配也有差异。虽然同一个办公室的同事，在工作中需要相互支援和配合，需要为所属部门的业绩尽力，但是，遇到职位晋升、利益得失的时候，他们又是对手和竞争者。所以，介于同事之间如此错综复杂的关系，无论在正式会议上的讲话，还是闲来无事的聊天，说出的每一句话都应该注意。特别是刚入职不久的年轻人，更是要认真对待。

首先，不可以不说。既然大家都是同事，既然是非正式的闲谈，如果大家都在兴趣盎然地说话，唯独你一个人一声不吭，别人会认为你不合群、不会人际交往，认为你缺乏能力和自信，认为你自命清高，这样，你就不自觉地把自己置于大家的对立面。

其次，不可以乱说。虽然是非正式场合的闲谈，但有些话题可能和工作或和部门里的某一个人有关；虽然你不会把大家说的每一句话都报告给老板或部门的其他上司，但不能保证其他的人一定不会把某些话报告给老板或其他的上司。因此，不能随便说的话，一定不能说。

哪些话不能随便乱说呢？批评老板或上司个人能力和是非对错的话不能说；不在场的人的坏话不能说；牵涉个人隐私的话不能说；伤人颜面和自尊的话不能说；贬低他人、抬高自己的话不能说；捕风捉影、自以为是的话不能说；应该拿到正式会议上说的话这时不能说；可说可不说的话尽量不说。

4.部门会议怎么说

不同场合，说话的内容和方式应该不一样，这就是说话的艺术。要知道在特定的场合里该怎样说话，就得清楚这个场合的具体含义。

部门会议，指的是公司里自己所属部门的会议。开会既然是正式场合，和平常的办公室闲聊不同，与下班后同事间的聚会或娱乐场合更加不同。虽然是开会，但与会人员全部是同一个部门的同事，平常大家彼此都很熟悉，没必要板着一副面孔。

如果是主管，作为联结部门和员工的桥梁和纽带，既要对部门负责，也要为员工负责。对部门负责，就是贯彻执行部门高层的决策，坚持部门高层制定的原则和方向；对员工负责，就是为员工的实际利益着想，为他们的前途和未来着想。

在自己主持的部门会议上，主管首先要尊重员工、爱护员工。从自己的衣着、神情，到说话的语气，都应该温和、平易，把自己和员工融在一起，切不可有高高在上、颐指气使的倾向。分配任务的时候，既要申明任务的重要性，更要相信大家有能力圆满完成任务。总结工作的时候，要多肯定大家的成绩，少指责大家的缺点和不足，更不可在众人面前让某一个员工难堪。即便是一定要点出工作中的缺点和不足，也要先作自我批评。如果员工对自己提出要求，能满足的尽量满足，不能满足的也不能一口回绝。最好说自己不能做主，要向更上一级的主管请示汇报后才能决定。即便是明知无果的事情，员工最后也不会责怪你了。

如果是员工，说话应该谨慎。首先，考虑清楚再说。在没有完全考虑清楚之前，最好认真听主管和其他同事说话，从他们的话语之中捕捉更多的意见和信息，以使自己的观点和主张更完整。其次，说自己该说的话，不能抢了主管的风头，不能过于表现自己，不能指责别人，不能华而不实地大放厥词。最后，说话的态度和语气要诚恳，和绝大多数人保持一致的立场，争取得到大家一致的认可。

如果是新进员工，说话要更加注意。

5.汇报请示怎么说

在公司里工作，要妥善处理好和每个人的关系，特别是要妥善处理好和老板或顶头上司之间的关系。虽然同事和下属对你的看法和评价也很重要，但真正决定你在这个公司前途的人，主要还是你的老板或顶头上司。老板或顶头上司对你为人处世和工作能力的评价，直接决定着你是否能够得到升迁，也直接影响着你的薪资待遇。

想要得到老板或顶头上司的认可和肯定，汇报和请示就必不可少。而且必须讲究一定的方法和技巧。对老板或顶头上司交付的工作任务，要及时汇报进展情况。特别是较为复杂、难度较大的工作任务，更要及时汇报。

首先，无论是最终圆满完成任务，还是仅取得阶段性的成绩，都应该如实且客观地说出来，不能过分地渲染和夸大。无论你取得的成绩多么突出，无论你为取得这个成绩付出多大的艰辛努力，都不应该强调自己的功劳，而要强调是老板或顶头上司的管理有方。

其次，因为老板和顶头上司的事务繁多，能听取你汇报的时间有限，要在有限的时间里汇报清楚，语言就要言简意赅，要善于抓住主要的内容，不可漫无边际。这样既能让对方听得清楚明白，又能给对方留下精明、有能力的印象。

最后，汇报工作，要针对公司老板或顶头上司的个性特点和喜好进行。完成老板或顶头上司交付的任务要汇报，在完成任务的过程中，自己有了新的想法，要向自己的老板或顶头上司请示。等请示获得批准和许可之后，再付诸实施。

请示要有所选择。并不是你要做的每一件事情都必须向老板或顶头上司请示。只要在你职责许可权范围之内的事情，无须请示；一般的日常工作，自己完全有把握做的事情，也无须请示。否则，你事事请示，先不管老板或顶头上司有没有时间听你的请示，至少会让你在他们心目中留下缺乏主见、能力不足的印象。

6.饭桌上怎么说

吃饭固然不宜说话，但有的时候又不能不说话。因为重要一点儿的饭局，都有主客、主从之分，而且，对于坐在饭桌上的人而言，吃饱肚子并非唯一的目的，甚至出席饭局应酬的意义，远远超过吃饱饭的意义。在这样的情况下，要是大家都一言不发，只顾着喝酒夹菜、大快朵颐，就失去主人举办这场饭局的用意了。

饭桌上不宜多说，但又不能不说，至于应该怎么说，需要视具体的情况来定。

最重要的是明确自己在饭桌上的身份、地位。如果身为主人，就应该热情大方，尽显地主之谊。一般情况下，酒菜上桌，主人不发话，其他人就不好意思动筷子。此时，主人就应该首先致辞，态度越热情越好。开场白之后，主人应该根据自己请客的目的、意义，对客人特别照顾。要是客人不止一人，应该按客人的身份、地位依次予以照顾。需要注意的是，特别照顾并非一味地劝酒。即便劝酒，也要热情大方，让客人乐于接受。

因为是饭桌，并非特别严肃的场合，主人除了尽显热情大方之外，也需要给其他人留有一定自由发挥的空间。当然，假如意识到场面冷清，要及时活跃气氛。最后，在大家酒足饭饱之际，主人还需要作最后的总结性讲话，虽然讲话的内容都是司空见惯的套话，但还是必须要讲的。

如果是客人，就应该充分尊重主人，紧跟主人的步调安排，既不强夺主人对饭局的控制权，也要对主人的热情大方做出积极回应。

如果既不是主人，也不是主要的客人，而是陪客，则必须牢记：只能锦上添花，不可喧宾夺主。与其口不择言、贻笑大方，不如入境随俗，视情况发言。

另外，自来饭桌上就有“无酒不成局”的惯例，但酒终究只是一个道具，交流沟通、增进感情才是目的，所以，无论主人、主客还是陪客，劝酒不能让人难堪，饮酒切忌过量。

7.朋友聚会怎么说

“朋友”是什么意思？什么样的人可以称为朋友？按照汉语最早的定义：“同门曰朋，同志曰友。”可以理解为：“在同一师门求学，并且志趣相同的人，才是朋友。”

按现代人的理解，就是彼此认识和熟悉，并有不错交情的人，就是朋友。至于彼此认识、了解有多深，交情有多深厚，并没有明确的界定。事实上也是如此，由于每个人都有自己不同的人生观和价值观，对朋友的要求和理解也就不同。有的人把彼此信任和理解、可以相互帮助和支持、能够至死不渝的人称为朋友，也有人把仅有一面之缘，甚至叫不上名字的人称为“朋友”。

不同的人有不同的交友标准，即使是同一个人，交有不止一个的朋友，但在这些所谓的朋友之中，肯定会有认识时间长短、彼此交情深浅等差别。因此，即使是朋友间的聚会，也要根据不同的实际情况，采取不同的说话方式。

在参与人员多、场面比较大的场合，言语应该谨慎。因为虽然都是朋友，但朋友和朋友之间的差别还是很大。仅从建立朋友关系的途径来看，有的是从小一起长大，有的是从同学发展而来，有的是工作之中认识的，还有的是社交场合偶尔认识发展成为朋友。至于相互的理解和信任程度、学识修养、兴趣爱好、脾气性格等方面的差别，更是林林总总。这样的情况下，只要自己不是绝对的主角，说话最好见机行事，既冠冕堂皇，又不失风趣幽默；既娱乐大家，又无伤大雅。

在参与人员少的时候，则要根据自己和朋友之间交情的深浅，以及对方的个性、特点选取适当的说话方式和技巧。彼此交情越深，说话的个性化程度越高，随意性也越大。交情越深，说话越要真诚，切忌套交情和说假话。交情越深，言语越要率性，不可吞吞吐吐、闪烁其词。随着彼此关系的由深渐浅，就要逐渐约束自己，更加尊重对方。

除了场面大小、交情深浅，朋友聚会的主题，也是决定说话方式和技巧的重要因素。主题越是轻松，说话随意性就越高；反之，主题趋于严肃，就该谨慎小心，不能妄言。

8. 求职面试怎么说

对每一个追求成功的人来说，首要的条件，是要有一个可供自己施展才华的空间和舞台。找到一份自己喜欢并且适合自己的工作，无疑是迈向成功的第一步。

在竞争日趋激烈的现代社会，要顺利找到一份自己喜欢并且适合自己的工作，有相当的难度。一方面，一个公司或机构想要有更大的发展，的确需要有优秀的人才加盟；另一方面，一个好工作，向往和竞争的人一定会很多，这在讲究资方市场的社会背景下，自己能否顺利竞聘成功，不仅取决于应聘者的个人能力，关键还在于招聘方对应聘者的认可和接纳。对每一个应聘者来说，初试投递履历和基本资料，只能简要地把自己介绍给对方。想要在基本条件类似的众多竞争者中脱颖而出，必须在面试阶段把自己的能力完全展示在招聘方的眼前，打动对方，获得青睐。

求职面试，首先，要有舍我其谁的自信心。公司或机构聘用人才的标准是：未必是最优秀的，但必须是最适合的。应聘者要对招聘的部门及职位有全面的了解，要对自己的长处有清楚的认识判断，然后将两者对接，确信自己是最适合的人选。有了这样的自信，面对招聘官的时候，就能自信满满，从而给对方留下深刻而良好的印象。

其次，语言要简洁明快，准确生动，个性十足。为了让面试官在最短的时间对你的能力做出肯定的判断，事先要有充分的准备，既要避免填鸭式的一问一答，又要避免不着边际的侃侃而谈。前者容易让人质疑你的能力，后者会给人华而不实的感觉。

再次，要随机应变。每一个招聘部门，都有自己的理念和宗旨，每一个招聘官都有自己评价体系和好恶标准。应聘者在面试的时候，要善于捕捉相关资讯，然后随机应变，使对方很难有拒绝你的理由。

最后，要扬长避短，避实就虚。世界上没有十全十美的人和事，雇主也不是要任用完美无缺的人。所以，要在对方面前尽量展示自己最优秀的一面，至于客观存在的缺点和不足，避实就虚是最好的办法。

9.电话交谈怎么说

电话交谈作为一种特殊的交流沟通方式，有其自身的特点，在实际运用中，只有先认识和掌握这些特点，才能把它的作用完全发挥出来，从而实现自己的理想目标和美好愿望。

和寻常的说话交流比起来，电话交谈有两个显著的特点：首先，双方不能见面，一切可看到的表情、动作、肢体语言都无法传递给对方，所以，只能在可听到的声音和语言上下功夫。其次，电话交谈的时间和空间不确定，为了保证交流的有效和畅通，自己的语言必须要有足够的吸引力，保证对方能听自己把话说完。

为了确保电话交流的有效，打电话之前，第一，应该对接电话的对象，也就是自己的说话对象作一些了解。即使无法掌握全面的资讯，获得的信息量越大，对自己越有利。

第二，要把握好打电话的时间。最好在对方不是很忙，身边没人打扰时通话，确保对方有充裕的时间接听你的电话。

第三，自我介绍要简洁明了。只要介绍清楚自己的姓名、公司名称和对方交流的主要事项就可以了。

第四，语速要适度。不能过快，也不能太慢，最好和对方的说话速度相同。

第五，态度要热情大方，语言要清晰准确，通俗易懂。不可夹杂口头禅，少用或不用专业术语。

第六，要确保自己电话语言的逻辑连贯性，即使对方对你前面说的话兴趣不大，也不会贸然中断通话。

第七，要认真倾听对方说话，给予有效的回应。

第八，要让自己的音质自始至终保持在最佳状态，给人清新悦耳的美好享受。

第九，自己的身体姿态要端正、放松，脸上要始终带着微笑。虽然对方无法亲眼看到，但能够通过一些细节感觉到，不可大意。

10. 探视病人怎么说

人吃五谷杂粮，哪有不生病的道理？每一个人都希望自己永远健健康康的，但这仅仅是一个美好的愿望罢了。疾病会不期然地侵害我们的身体。生病住院之后，一个人的固有生活模式会被打破，心里常常会有诸多的寂苦和无奈，除了希望早日痊愈，还希望得到别人的安慰和支持。只要是平日有一定交往的，在得知别人生病之后，一般都会前往探视。

很多人探视病人都带着礼物，其实，对于一个生病住院的人来说，精神的鼓励和宽慰，远比物质更重要，只要你言语得体，就能很大程度地减轻病人的苦痛和孤寂，使其尽快摆脱病魔的纠缠。

在探视病人的时候，应该综合考虑诸多因素，再决定说话的方式和技巧。首先是自己和病人之间的关系，可分为亲属、长幼、上下级、同事、朋友等，关系不同，说话的方式不一样。其次是病人本身的特点，如年龄、性别、性格、病情等，都应该区别对待。

对于年轻力壮、性格开朗、交情很深、病情不重的病人，不妨采取风趣幽默，甚至是调侃的说话方式。譬如说："平日比腕力都输给你，现在来试试谁厉害！"病人会从昔日的威风凛凛的回忆中激发出战胜病魔的勇气和信心。

在探视的时候，态度要和蔼可亲，神情要尽量放松，不能表露出过度的忧虑和痛苦。因为生病之后，人的情绪会变得焦躁，神经会变得敏感，你的不当表现，会增加病人的心理负担，不利于病人早日康复。说话的时候，语调要亲切，多说一些安慰和鼓励的话，尽量不提及病情，把病人当成正常人看待，让他意识到自己仍旧是家庭和公司中不可或缺的一员。

对于危重病人，请不要当着他的面讨论病情。特别是在病人还不知道自己的确切病情时，更要把他的注意力转移开。比如，可以夸赞病人就医的地方医疗条件不错、主治医生医术高明等，还可以和他说一些病房外的新鲜事。

第五章

讲技巧，嬉笑怒骂悠着点儿

1.有话好好说

“有话好好说”的原意似乎是大家都熟知，就是心里有什么话，要心平气和地说。在这里，成了深谙说话艺术最好的证明。这两个“好”字，第一个“好”，是说话之前，要把自己想说的话组织好、表达好；第二个“好”，就是取得最好的说话效果。要达到这样的效果，需要掌握说话的技巧，并把这些技巧融会贯通，用得恰到好处。

说话包含的要素很多，有内容、主题、语言、声音，说话的对象和说话的场景等，说话的技巧，涵盖以上各方面。每一种技巧，表面看来像是独立，实际上却紧密联系，构成说话这门艺术不可或缺的基石。

针对具体的现实需要，懂得并善于运用说话技巧的人，和完全不懂说话技巧的人，面临的境况和得到的结果就会截然不同。毫不夸张地说，前者可以呼风唤雨，心想事成；后者只能局促一隅，寸步难行。

懂得并善于运用说话技巧的人，可以根据自己的愿望和现实需要，把一个很平淡的故事讲述得生动感人；不懂说话技巧的人，即便是一个非常生动的故事，从他的嘴里说出来，也会变得寡淡无味。

懂得并善于运用说话技巧的人，可以根据自己的愿望和现实的需要，把一个复杂艰深的道理，讲解得平易浅显、妇孺皆知；不懂说话技巧的人，即便是一个平易浅显的道理，从他嘴里讲出来，也会让人觉得难以捉摸。

懂得并善于运用说话技巧的人，可以根据自己的愿望和现实的需要，把一片普通的树叶描绘得美轮美奂，让人神往；不懂说话技巧的人，即便是一朵绚烂美丽、芳香沁人的鲜花，从他嘴里说出来，花还是花，却无半点儿可爱之处。

懂得并善于运用说话技巧的人，可以打动每一个人的心，被大家如众星拱月一般的敬仰；不懂说话技巧的人，只能永远形单影只，像蜗牛一般艰难爬行。

说话的技巧不是一成不变，也没有一个人的说话技巧是与生俱来的，都是自我激励、不断学习、不断超越，才会有丰富多元的说话技巧。

2. 用心说话

世界上最美的话，最能感动别人的话，是发自内心的话。而用心说话是最重要、最根本的技巧。

说话的目的，是彼此交流思想，沟通感情。交流和沟通都是对等的，当你把内心最真实的想法、最诚挚的感情袒露出来的时候，对方一定能够感受得到，就会为你的真实和诚挚感动，回报给你同样的真实和诚挚。这样，双方的交流和沟通就完全没有障碍，心与心的距离就会快速缩短，直至没有距离，融会在一起。相反地，如果两个人在一起说话，彼此都把心包藏起来，言不由衷，就像两个人戴着面具一起生活，看不清楚双方，即便某一天两个人摘下面具在大街上遇见，也认不出彼此。

用心说话，除了把自己内心真实的想法、诚挚的感情和盘托出，还应该用心去聆听、用心去感受。沟通的对象形形色色，每个人的性格、习惯、表情达意的方式都可能不同，因此，在与人谈话交流的时候，应该用心专注于对方，体察对方一言一语蕴含的思想、一笑一颦流露的情感，站在对方的立场和角度，尊重对方、关心对方，从而形成彼此间的良性互动。

用心说话，用心感受，对不曾这样认真做过的人来说，听起来似乎有点儿玄奥莫测，但事实并非如此，日常生活中类似的例子屡见不鲜。

比如一个还无法准确无误地表情达意的孩童，无法用成人习惯的方式准确表达自己的思想和愿望，但是每天朝夕相处、细心呵护他的母亲，能够读懂孩子每一个细微动作后面最真实的诉求。换了其他全无经验的人，在面对一个只会哭闹的婴儿时，可能就完全无能为力。

孩子的心智和能力发展还没有达到能够准确表述自己思想、情感、愿望的阶段，不应该受到任何责备。可是有一些成年人，由于认识不足，或者习惯使然，不愿意用心说话，不愿意把自己的心声袒露出来，在父母家人面前不说，在上司同事面前不说，在同学朋友面前不说，结果当然是愿望得不到满足，心愿无法实现。更可悲的是，对于这样的结果，他们首先做的，不是反省自己，而是埋怨别人的不理解，甚至埋怨社会对自己的不公。

3.实话实说

实话实说和“口无遮拦”不同。口无遮拦的人，肚子里憋不住一点儿事儿，非一股脑儿吐出来不可。至于吐出来的是什么话，会有什么后果，他们是不会动脑子去想的。因为说话之前没有经过大脑的思考、筛选，口无遮拦的人脱口而出的话，可能是自己看到的表面现象，或是道听途说的流言蜚语。

实话实说的人，大多数是忠厚老实，恪守本分。他们平时话语不多，说每一句话都很慎重，都会经过大脑的遴选和甄别，最终说出口的，一定是证据确凿的真话，绝对没有胡编乱造的假话和谎话，也没有道听途说的传言和未能证实真假的虚言。

实话实说的人，他们说出的话，揭示事情的真相和事物的本来面目，传递自己最真实的思想情感，表达自己最实在的目标愿望。他们的诚实和坦白，蕴含着巨大的人格魅力，能够赢得更多人的尊重。

人与人之间的交流和合作，必须建立在相互信任的基础上。实话实说，正好是取信于人的前提基础和重要保障。世界上最美的谎言，也不过是谎言而已，它对于需要真诚交流和合作的双方而言，作用为零，甚至是负数。只要谎言被揭穿，自己之前付出的所有努力，都有可能付诸东流。

既然是谎言，为什么不会被揭穿呢？为什么不应该被揭穿呢？有人说过："当你撒了第一个谎之后，就会编织十个谎言来自圆其说，当你撒了十个谎言之后，就会编织一百个谎言来自圆其说。"谎言的窟窿越来越大，怎么会不被揭穿呢？

实话实说的最大好处在于，你说出的每一句话，都经得起任何方式的核对和考证，从而保证你的人格和社会地位永远屹立不倒。反之，即使你一直都讲真话，但偶尔说一两句假话之后，人们就会质疑你之前所说的每一句话。

4.从赞美开始

人都喜欢听好听的，几乎没有一个人会拒绝别人对自己的赞美。

从心理学的角度讲，人的需要分为五个不同的层次：生理需要、安全需要、社会交往需要、尊重需要、自我实现需要，依次从低到高。其中，尊重的需要介于社会交往需要和自我实现需要之间，既属于每个人的基本需要，也是较高层次的需要。意思是，现实生活中，每个人都需要得到别人的尊重，普通人是这样，社会地位越高的人，需要越强烈。

赞美，无疑是体现尊重的最好方式。每个人都是独特的，都有自己的优点和长处，都有自己引以为傲的某些特质。诚恳地说出他们的这些优点、长处和特质，就是最好的赞美方式，就是对他人最大的尊重。

有的人知道赞美对方的重要性，却不知道赞美别人的方法和技巧。以为赞美别人，就是不停地说对方的好话，不看具体的环境、对象，什么话好听就选什么话说，甚至把对方极力避讳的缺点也拿来当成赞美的内容。这种“哪壶不开提哪壶”的做法，既得不到对方认同，对自己当然也不会有什么好处。所以，世界上没有不需要赞美的人，只有不知道赞美别人和不善于赞美别人的人。

要学会赞美别人，首先要学会观察。只有敏锐地观察到对方身上与众不同的闪光之处，并以诚恳的语言和态度表现出来，最终得到对方的认同，赞美才是成功的。

在赞美别人的时候，诚恳的语言和态度的重要性，需要特别的强调和指出。每个人对自己的优点和长处，心里都大致有数，你观察到、捕捉到，说明你有很好的洞察力。但是假如你在指出这些优点和长处时，态度不够真诚，甚至是漫不经心，非但得不到对方的好感，还有可能适得其反。

赞美还需要得到对方心理上的认可，才能达到自己预期的效果。有的人不太喜欢听太过坦白、太过肉麻的话，要是你言过其实、不着边际，对方就有可能认为你在讨好，而不是在赞美，就会怀疑你别有用心，就会对你产生警惕、防范，甚至是抗拒心理。

5.倾听的重要性

为什么每个人都只有一张嘴，却长了两个耳朵呢?

对于这个问题，每个人可以站在不同的立场抒发自己的观点和看法，但对有志于掌握说话这门艺术的人来说，因为嘴巴是用来说话，耳朵是用来听别人说话，自己说话用一张嘴就足够了，听人说话却要用两只耳朵，意思很明显，就是要自己少说，多听别人说。理由似乎牵强了一点儿，但结论肯定无疑：想要学会说话，先要学会听别人说话。

说话是交流思想感情，是双边活动，必然是一方在说，一方在听。要是双方都只顾着说自己的，不听别人在说什么，看上去就像是两个都不讲道理的人在吵架，交流和沟通无法完成。想要良好地交流和沟通，除了说，还得听；想要学会说话，掌握说话这门艺术，就得学会倾听。

学会倾听，代表你对他人的尊重，同时也赢得了别人的尊重；学会倾听，能够从对方的话里了解和掌握对方内心真实的想法和意图，才能很好地和对方交流和沟通；学会倾听，能够捕捉到丰富的信息，使自己更了解事情的真相和事物的本质；学会倾听，能够从别人的话语里吸收更多有用的东西，使自己在发言的时候取长补短，观点更正确、论证更完整、办法更有效；学会倾听，你会发现每个人都有过人之处，从而变得谦虚谨慎、奋发向上；学会倾听，你还能从别人身上学会很多说话的方法和技巧，从而更好地掌握说话这门艺术。

学会倾听，即在听别人说话的时候，一定要神情专注，集中所有的注意力，这样才能尽全力吸取对自己有益的东西。同时，态度要诚恳，要让对方感觉到你在认真倾听，同时给予鼓励和关注的目光，可以在对方说到关键之处颔首示意，表示自己的肯定和赞赏，确保对方把该说的话说完。

6.说好第一句话

对于第一次见面的人，有必要开口第一句话就把自己介绍给对方。在双方全无了解的情况下，自我介绍最好开门见山。在向对方致意之后，将自己的姓名、身份直接告诉对方。

如果双方已有一定的了解，自我介绍可以采取攀谈的方式。就是在自己和交谈对象之间，寻找能沾上关系的支点。如果没有直接关系，比如性格脾气、生活经历、兴趣爱好等间接的关系，也可以充分利用。即便两个人真的是全无关系，你也可以生拉硬扯，强行把两个人捆绑在一起。可见与对方交往的诚心，更能体现你的聪明才智。

假如对方了解得更多一点儿，不妨采取敬慕的方式。在夸赞对方引以为傲的优点和长处的同时，表达自己由衷的仰慕之情。

如果自己面对的不是单一的对象，如重大场合的演讲，需要面对一群学识修养、兴趣爱好等都不相同的听众，是否做自我介绍，就显得不是那么重要。重要的是接下来的开场白中怎样吸引住大家的注意力。

开场白的方式也很多，被很多人认可和赞誉的大致有以下几种：

其一，情感沟通。从听众的切身利益出发，由其普遍关心和重视的话题开始，可以有效缩短双方距离，容易引起听众内心的共鸣。

其二，风趣幽默。几乎没有人会拒绝快乐和欢笑，以笑话幽默或富有趣味的故事开头，容易被大家接纳。

其三，制造悬疑。抛出一个悬疑故事或情节，能够吊起大家的胃口，让演讲的对象欲罢不能。

其四，反诘激问：以问句激起大家的好奇。提出一个大家都比较感兴趣的问题，却把答案暂时掩藏起来。

其五，引用名言。名言总是具有很强的说服力。

其六，展示道具。事先准备道具，在开场时展示，既新颖别致，又能吸引大家关注和好奇的目光。

1. 正确的仪态

除了嘴里说出的有声语言，说话时的眼神、表情、动作、姿势，以及所有能够传递给听众一定含义的体态，统称为仪态。一个善于说话、懂得说话这门艺术的人，会借助于正确的仪态，增强和提高自己的说话效果；反过来，不懂得说话艺术的人，会因为错误的仪态，削弱自己的说话效果，甚至还会把自己的说话效果引向相反的方向。

说话时仪态的作用，其一是树立和展示自己良好的形象。其二是表明自己对对方的态度。一般而言，通过塑造自己的形象，传递给对方的信息，应该是真诚、友好、谦逊有礼的，而不应该是虚伪、敌意、蛮横无理的。

良好的姿态，有利于相互交流沟通。因为说话的主题、对象、场合不同，说话时的仪态要根据实际的需要而定。

通常情况下，和别人说话的时候，眼睛应该平视。过高，有时显得傲慢，有时显得漫不经心；过低，显得自己信心不足。目光应该柔和，既不能咄咄逼人，也不能游离不定。

表情要自然。若非特殊需要，不宜太过夸张。

站着说话，无论是演讲还是普通的交谈，都应该挺直腰部，以示自己堂堂正正、信心十足。表现自己关心对方的时候，可以适当地俯身说话。

还需要注意保持适当的距离。距离过近，有威胁对方的嫌疑；距离过远，又显得自己不够诚恳。若是坐着说话，随着交谈的深入，可以挪动椅子，缩短双方的距离，表明自己希望和对方更进一步交谈。

在肢体语言中，手势无疑是内涵最丰富、表现力最强的一种。不同的手势有不同的含义，代表不同的立场和态度，需要说话的人深刻体会，灵活运用。

需要强调的是，仪态包括很多因素，但又是一个整体概念，即眼神、表情、动作、姿势及其他体态语言，并非割裂而是统一呈现。因此，它也有一个总体要求：自然且协调。

8.把握说话的时机

由于每个人每一次说话的主题、对象、场合等均不相同，说话的最佳时机也不能一概而论。

比如，在公司开会，大家讨论的是同一个议题，如果你第一个发言，虽然能够给别人造成先入为主的印象，但由于时间还早，气氛难免显得沉闷，大家的情绪还没有调动起来，即使你讲得再头头是道，大家也未必叫好。如果到了最后再讲，虽然能够吸收别人的成果，进行有效的归纳整理，显得井井有条，或针对别人的漏洞，发表更为完善的意见，可是因为时间太晚，很多人会觉得疲倦，也难以达到自己想要的效果。总结发现，这样的场合，最好的发言机会是在第二或第三个人发言之后，及时切入话题。这个时候，说话的气氛已经活跃起来，只要你的讲话有真知灼见，就一定能够引起大家的关注。

又比如你去找客户推销，如果对方情绪不好，甚至正好在气头上，你就冒冒失失地开口，一方面，对方由于情绪不稳定，大脑思维也不正常，很难听明白你的意思；另一方面，当事人之所以情绪不好，肯定是遇到困难，此时，他自顾尚且无暇，就算听明白你的意思，大概也不可能购买你的产品。遇到这样的情况，最好及时打住自己的念头，另找合适的时机。

善于把握说话的时机，主要从三个方面入手：首先是时间，要求该说的时候说，不该说的时候不说；其次是话题，该说的事情就说，不该说的事情不说；再次是对象，该说的人面前说，不该说的人面前不说。

我们除了要把握和捕捉说话的时机之外，还要善于创造说话的时机。比如，同样是上门推销，假如你正遇上对方情绪不稳定、心情不好，你可以先帮助对方解决问题，使对方的情绪稳定、心情好转之后，再行推销；你也可以分散对方的注意力，逗对方开心，只要对方的心情愉快，什么事情都会变得容易达成。

再如，参加大型的演讲，听众的情绪不够高，会严重影响演讲的效果。如果你意识到这点，就应该先以无关紧要的话语活跃现场的气氛，带动听众的情绪和积极性，然后再切入正题。

9.把握好说话的分寸

世间的任何事情，都有一个限度，超过这个限度，事情的性质就有可能发生变化，甚至走向反面。比如，做人应该谦虚，但假如超过限度，过于谦虚，就会被视为虚伪。说话也应该有一个限度，也就是要把握好分寸。

三国时期的杨修，聪明才智少有人及，最后却不得好死，完全是祸从口出，一点儿都不知道说话的分寸。有一次，曹操在园门上提一个“活”字，别人不解其意，杨修将其拆穿，曹操已经不高兴了；还有一次，曹操在酥盒上写了一个“盒”字，杨修便将别人进贡给曹操的酥一人一口分食了。老实说，此时曹操已经有了杀杨修的念头，但杨修还浑然不觉；曹操久战无功，以“鸡肋”作为口令，杨修将曹操的隐秘心思四处宣扬，这样，曹操就有了杀杨修的充足理由一扰乱军心！其实，聪明对一个人并不是坏事，但假如把聪明拿来炫耀和卖弄，就肯定不是好事。

从杨修的不幸，我们可以得出一个结论：把握说话的分寸，首先要正确认识自己的身份、地位。在讲究尊卑礼仪的环境里，有些身份绝对不能混淆，如子女和父母、下属和上司。如果混淆身份，轻则被人视为没礼貌，重则就是僭越，都不可能有好的结果。

其次，把握好说话的分寸，说话要尽可能客观。客观，就是尊重事实，把事实的真相说出来。因为只有真话才能经得起任何方式的检验。再次，把握说话的分寸，说话要满怀善意。只要心怀善意，即便偶尔说错，也不可能造成严重的后果。

在这三个大的原则下，说话有分寸，需要贯彻到说话的所有环节。

如风趣幽默的说话风格，几乎是所有人都喜欢的，但也需要有分寸，否则，为幽默而幽默，就会沦为低俗。如见面赞美别人，原本是不错的说话技巧，但要是赞美超过一定限度，就成了刻意讨好别人。

很多时候要求说话要含蓄，但过于委婉含蓄，别人反而不明白你想要表达的真正意思，难以实现交流沟通的目标。说话有分寸，就是把自己的话说得恰到好处，根据实际情况，灵活地掌握说话技巧。

10. 要有亲和力

说话这门艺术中，亲和力的表现，就是指别人乐于听你说话。说话是主客体之间的双边活动，如果缺乏亲和力，对方连你说的话都不愿意听，你说什么话，对方也没听进去，沟通交流的途径就不能畅通，说话的目绝对无法实现。

想要让自己说话的时候具有亲和力，必须先培养自己待人处世的亲和力。首先，要对自己有深刻的认识。只有正确认识自己，看清楚自己的优点和长处、缺点和不足，才能看到别人的优点和长处，才能尊重别人、包容别人。你处处尊重别人、包容别人，自然能够得到对方相应的回报，从而尊重你、包容你，愿意和你交往，乐于听你说话。

其次，要存感恩之心。受人滴水之恩，当以涌泉相报。在你需要帮助和支援的时候，有很多的好心人无私地帮助你，不管别人为你付出多少，都是一片善意，都应该存感恩之心。有了感恩之心，当别人需要帮助和支援的时候，你也会无私地帮助别人。人同此心，心同此理，这样就形成人际交往的良性循环。

只要待人处世具有亲和力，再落实到说话的亲和力培养，就会简单容易许多。

说话之前，大多要与人握手，此时，不妨多握一会儿。这多握一会儿所传递的，不仅是自己手掌的厚度和温度，还有自己的诚意。

坚持在别人背后说他的好话，别担心别人听不到；不要在别人背后说他的坏话。

尊重你身边的每一个人，特别是你不喜欢的人和地位比你低的人。同时，多做自我批评，少做，甚至不做自我表扬。

要不吝惜为别人喝彩，要善于聆听别人的讲话。在人多的场合尽量少讲话。

讲话的时候少用“我”，要多用“你”、“我们”。在说到对方的话题时，多用肯定的语气，在阐明自己的观点和主张时，多用商量的语气。

11.听懂弦外之音

所谓听懂对方说的话，就是要求听清楚对方说的每一句话，完全明白对方话里的意思，而不是似懂非懂，也不是一知半解，更不是断章取义。

由于交流沟通的对象千差万别，受学识修养、脾气性格、说话方式的影响，有的人说的话，简单通俗，语意直接，不管是谁，一听就能明白；有一些人，说话的方式比较委婉含蓄，粗略听了，未必就能明白他们话里的真正意思。倘若因此误会别人的意思，甚至完全曲解对方的意图，交流和沟通就难以取得自己想要的结果。

在一个家庭里，老公说话常常比较直接，心里怎么想嘴里就怎么说，妻子往往比较含蓄，嘴里说的，未必就是心里想的。如果老公不善于聆听妻子的弦外之音，轻则影响夫妻生活的情趣，严重的还会影响双方的感情。假如妻子向老公提出某个要求之后，再补充一句："没关系啦！你决定就可以！"做老公的千万不要理解为妻子的要求不重要，无论自己怎么做妻子都不会介意。通常情况下，妻子的真正意思是："你要是不把这件事处理好，等一下你就惨了！"又如，夫妻一同到外面吃饭，老公问妻子吃什么，妻子回答："随便。"此时，做老公的千万不能随便。越是随便，妻子会越不满意。

在工作中，无论同事还是上司，说话都比较委婉含蓄，特别是对于入职时间不长的年轻人，一定要学会听明白同事或上司话语之中的弦外音。

要听懂别人话里的弦外之音，关键在于认真观察，用心揣摩。平时相处的时候，认真观察对方的脾气性格、说话方式；交流沟通的时候，用心揣摩对方的前后语意，力求去伪存真，听懂对方的弦外之音，这样才能了解对方的真实心理。

12.善用隐含判断

隐含判断，是一个逻辑学概念，就是指由于种种原因，不便明言，而意在言外的判断。隐含判断在现实生活中的运用非常广泛，此前所述，说话之前要听懂别人的弦外之音，其实就是要找寻别人话里的隐含判断。

举个简单的例子。在一家高级餐厅里，一位顾客坐在餐桌旁，很不得体地把餐巾系在脖子上。餐馆的经理见状，叫了一个服务生，对他说："你去让那位绅士把餐巾拿下来，说话要尽量委婉。"服务生来到那位顾客的桌旁，有礼貌地问："先生，您是想刮胡子还是理发？"那位顾客愣了一下，马上明白对方的意思，不好意思地取下餐巾。

如果服务生过去，直接让客人把餐巾取下来，就会显得呆板、生硬，即便讲明是餐厅的规矩，也难免会令客人尴尬和不快。而他这样说，既风趣幽默，又顾全客人的面子，还收到极好的效果，何乐而不为呢？这里，服务生的话也包含了一个隐含判断：刮胡子和理发时才需要把餐巾系在脖子上，现在对方既不是刮胡子也不是理发，所以不应该把毛巾系在脖子上。客人听懂了他的弦外之音，当然自觉地把餐巾取下来

在现实生活中，需要委婉含蓄地表达自己思想和意愿的地方很多。比如，对方是你交情很好的朋友，当对方对你提出难以满足的要求时，直接拒绝，难免显得无情，采用隐含判断的方法，既委婉含蓄，又风趣幽默，不失为一种极佳的办法。

美国著名的总统罗斯福曾经在海军担任要职，有一次，一位非常要好的朋友想从他那里打听到美国海军在一个岛上建军事基地的计划。他谨慎地向四周看了看，问那位朋友："你能保守秘密吗？"那位朋友回答说："能！"罗斯福说："我也能！"那位朋友明白罗斯福的心意，便不再为难罗斯福。

在一些特殊的场合，即便是辩论，也需要温文尔雅，当对方以隐含判断的方式为你设下陷阱的时候，切不可失了身份，可以用"以其人之道，还治其人之身"的方式回绝。

13.把话说到对方的心窝里

日本有一个这样的故事。真田广之替已过世的父亲守灵。

他的老家离东京很远，即使坐电车也要花3个钟头，而且那时的电车还不像现在这样每一小时发一班车，所以可以说交通很不方便。当时他心里想：外地的亲戚朋友是不可能前来凭吊的了。但出乎意料的是，在整个晚上都没有任何一个亲属到来的情

况下，一个女子突然出现在他的面前。

“田中小姐，你怎么来了……”

当时真田简直感动得难以言表，因为她不过是他的一名同事而已，真难以想象她会在下班之后，搭乘电车赶到他的老家来。况且当时天色已经很晚，她又不太认得路，肯定是挨家挨户询问才找到他家的。“你经常来这里？”

“不，今天是第一次，我只是想来凭吊一番……”

“太谢谢你了，太谢谢你了！”

真田简直感动得不知道该说什么才好，心想，她是个多么好的同事啊！这位同事的确拥有很好的人际关系，在公司里，不论男女都是这么认为的。她得到了大家的信任，只要是她说的话，大家都认为不会错，而且也愿意按照她说的去做。这同时也表示，她是个说服力极强的人。

经过那晚的谈话，真田明白了她之所以说服力极强的秘密。平时别人遇到什么麻烦，田中小姐总是会伸出援助之手，这令所有人都为之感动。先得了人心，别人自然会心甘情愿听她的话。

可能平时我们没有太多时间和精力去助人为乐，但该事例告诉了我们一个关键信息，就是说服他人的核心点在于征服他人的内心，使对方在情感上有所共鸣。

文学家李密，曾在蜀汉时担任过尚书郎的官职，蜀汉灭亡后，居家不出。晋武帝知道他有才干，便下诏命他进朝为太子洗马，但李密拒绝了。为此，晋武帝大怒。在这种情况下，李密写了一封信给晋武帝。

“……我想圣明的晋朝是以孝来治理天下的，凡是年老之人，都得到了朝廷的怜恤和照顾，何况我祖孙孤零困苦的情况特别严重。”

“我年轻的时候在蜀汉朝做官，任职郎中，本来就希望仕途显达，并不矜持名声节操。现在我是败亡之国的低贱俘虏，身份卑微的人，受到过分的提拔，宠幸的委命已经非常优厚，哪里还敢迟疑徘徊，有更高的渴求呢？

“只是因为我祖母刘氏如西山落日，已经是气息短促，生命不长。我如没有祖母的抚育，就难以有今日。祖母如失去了我的奉养，也就无法多度余日。祖孙二人相依为命，因此我实在不能抛开祖母离家远行。

“微臣李密今年44岁，祖母刘氏今年96岁。这样，我为陛下尽忠效力的日子还长，而报答祖母的养育之恩的日子短呀！故此我以这种乌鸦反哺的私衷，乞求陛下准允我为祖母养老送终。

“恳请陛下怜恤我的一片愚诚，慨允我微小的志愿，使祖母刘氏可以侥幸保其晚年，我活着也将以生命奉献陛下，死后也要结草图报。臣内心怀着难以承受的惶恐，特地作此书，奏闻圣上。”

这就是流传百世的《陈情表》。将心比心，以情说理，李密在柔言细语中陈述自己的处境。武帝颇为感动，心头的怒火也自然平息了，他还赐给李密奴婢二人，并令郡县供养其祖母。

一开口就让人喜欢你

杰克·凯维是加利福尼亚州一家电气公司的一位科长，他一向知人善任，并且每当推行一个计划时，总是不遗余力地率先做榜样，将最困难的工作承揽在自己的身上，等到一切都上了轨道之后，他才将工作交给下属，而自己退身幕后。虽然他这种处理事情的方法是很好的，但他太喜欢为他人做表率，所以常常让人觉得他似乎太骄傲了。

最近不知怎么回事，一向精神奕奕的凯维却显得无精打采。原来最近的经济极不景气，资金方面周转不灵，再加上预算又被削减，使得科里的运转差点儿停顿。这种情形若继续下去，后果一定不可收拾。于是他实施了一套新方案，并且鼓励职工："好好干吧！成功之后一定不会亏待你们的。"但没想到眼看就要达到目标，结果还是功亏一篑，也难怪他会意志消沉了。平日对凯维就极为照顾的经理看了这些情形后，便对他说："你最近看起来总是无精打采的，失败的挫折感我当然能够理解，但是我觉得你之所以会失败，乃是因为你只是一味地注意该如何实现目标，却忽略了人际关系这种软体的工程，如果你能多方考虑，并多为他人着想，这种问题一定能够迎刃而解。"经理停顿了一下，又接着说："大丈夫要能屈能伸，才是一个好的管理人员。我觉得你就是进取心太急切了，又总喜欢为职工做表率，而完全不考虑他们的立场，认为他们一定能如你所愿地完成工作，结果倒给了职工极大的心理压力。大概也就是因为这个缘故，所以大家都说你虽能干，但你的部属却很为难。每个人当然都知道工作的重要性，所以你实在大可不必再给他们施加压力。你好好休息几天，让精神恢复过来，至于工作方面，我会帮助你的。”

杰克·凯维的一段亲身经历让我们知道，必须站在别人的立场，将心比心才能真正达到说服对方的目的，否则，再多的自信和能力也无法让别人服从你。会打棒球的人都知道，当我们要接球时，应顺着球势慢慢后退，这样的话球劲便会减弱。与此相似，我们在说服他人的时候，如果能将接棒球的那一套运用过来，相信说服会变得更容易。

唐代大诗人白居易说：“动人心者莫先于情。”意思是说，要说服人、打动人，必须动之以情，言语必须是诚心诚意的，发自内心，富有人情味和同情心，让人听后觉得你是真心为他好，是设身处地地为他着想，而不是在应付他。相反，冰冷的态度、程式化的言辞，都会引起对方的逆反心理，增加说服的难度。

林肯在当律师时曾碰到这样一件事：

有一位老妇人是美国独立战争时一位烈士的遗孀，每月只靠抚恤金维持风烛残年。前不久出纳员非要她交纳一笔手续费才准领钱，而这笔手续费相当于抚恤金的一半，这分明是勒索。

林肯知道后怒不可遏，他安慰了老妇人，并答应帮助她打这个没有凭据的官司，因为出纳员是口头勒索。

开庭后，因原告证据不足，被告矢口否认，情况显然不妙。林肯发言时，上百双眼睛都盯着他。

林肯首先把听众引入对美国独立战争的回忆，他两眼闪着泪花，述说爱国战士是怎样揭竿而起，又是怎样忍饥挨饿地在冰天雪地里战斗。渐渐地，他的情绪激动了，言辞犹如挟枪带剑，锋芒直指那个企图勒索的出纳员。最后他以严正的设问，做出了令人怦然心动的结论：

“1776年的英雄早已长眠地下，可是他们那衰老而可怜的遗孀还在我们面前，要求代她申诉。这位老人也曾是位美丽的少女，曾经有过幸福愉快的生活。不过，她已牺牲了一切，变得贫穷无依，不得不向自由的我们请求援助和保护，而这自由是用革命先烈的鲜血换来的。试问，我们能熟视无睹吗？”发言至此，戛然而止。听众早已激动了：有的捶胸顿足，扑过去要撕扯被告；有的泪水涟涟，当场解囊捐款。在听众的一致要求下，法庭通过了保护烈士遗孀不受勒索的判决。

这就是感情的力量。唯有真挚的感情才能打动人、说服人，才能唤起民众、唤醒民心。

婆婆是家里的一把手，财政大权控于掌中，媳妇感到很不愉快。一天晚饭后，她诚恳地对婆婆说：“您老人家操管全家的生活真是辛苦。有些事，我们可以办的，您尽管吩咐。现在大家收入增加了，不愁吃穿，生活可以安排得更丰富些。家里的经济收支，您安排得很好，以后您可以让我们试试，如果您觉得不对的地方，也好帮我们改正。”

婆婆非常乐意地接受了媳妇的要求。家庭气氛一如既往，其乐融融。

说服不是一项硬件工程，它需要先让人心动，然后才能把人说动，一切从“心”出发吧！

14.以“利”服人

你是否会为他人着想，为他人做一点儿事呢？几乎所有脱离群体、以自我为中心的人，他们的座右铭都是“人不为己，天诛地灭”，这也就是为什么一旦有人优先考虑他人所托之事时，就会传为美谈，而且备受众人称颂和尊重的原因了。因为这样的人实在是太少！

是的，通常我们行动的目的都是“为自己”，而非“为别人”。如果能够充分理解这一点，那么想要说服他人就有如探囊取物般容易了。只要了解对方真正想追求的利益何在，进而满足他的欲望便可达到目的。

肿瘤患者放疗时，每周测一次血常规，有的患者拒绝检查，主要是因为他们没意识到这种监测的目的是保护自己。

一次，护士小王走进4床房间，说：“王大嫂，该抽血了！”

患者拒绝说：“不抽，我太瘦了，没有血，我不抽了！”

小王耐心地解释：“抽血是因为要检查骨髓的造血功能是否正常，例如，白细胞、红细胞、血小板等等，血象太低了就不能继续做放疗，人会很难受，治疗也会中断！对身体也不好。”

患者更好奇地说：“降低了又会怎样？”

小王说："降低了，医生就会用药物使它上升，仍然可以放疗！你看，别的病友都抽了！一点点血，对你不会有什么影响的。再说还可以补过来呀。"

患者被说服了："好吧！"

相信很多人都经历过，在说服人或想拜托别人做事情时，不管怎样进攻或恳求对方，对方总是敷衍应付、漠不关心。这时你首先要用利益来唤起对方的关心，然后再说服诱导。在推销方面，推销员为了唤起顾客的注意，并达到80%的购买率，往往是先诱导、后说服。

在英国工业革命方兴未艾时，以发明发电机而闻名的法拉第，为了能够得到政府的研究资助，他去拜访首相。

法拉第带着一个发电机的雏形，非常热心并滔滔不绝地讲述着这个划时代的发明。但首相的反应始终很冷淡，一副漠不关心的样子。

事实上，这也是无可奈何的事情，因为他只是一个了不起的政治家，要他看着这种周围缠着线圈的磁石模型，心里想着这将会带给后世产业结构的大转变，实在是太困难了。但是法拉第在说了下面这段话后，却使原本漠不关心的首相突然变得非常关心起来。他说道："首相，这个机械将来如果能普及的话，必定能增加税收。"

显而易见，首相听了法拉第所说的话后，态度突然有了强烈的转变。其原因就是因为这个发动机，将来一定会获得相当大的利润，而利润增加必能使政府得到一笔很大的税收，而首相关心的就在于此。

在很多人眼里都把利益看成最首要的，那么以“利”服人是一大先决条件。但是，将这条最基本要件抛于脑后的却大有人在，他们没有满足对方最大的利益，一心一意只是想要满足自己的私欲。例如以下这个故事：

日本某酒厂的负责人成功研发了新水果酒，为求尽快让产品打进市场，于是他决定说服社长批准大量生产。

“社长，又有新的产品研发出来了。这次的产品是前所未有的新发明，绝对能畅销。连我都喜欢的东西，绝对有市场性。我敢拍胸脯保证。”

“什么新产品？”

“就是这个，用梨汁酿制的白兰地。”

“什么？梨汁酿的白兰地？！那种东西谁会喝？况且喝白兰地的人本来就少，更甭说用梨汁酿的白兰地……就是我也不会去喝。不行！”

“请您再评估评估，我认为很可行。用梨汁酿酒本来就不多见，再加上梨子有独特的果香，一定很适合现代人的口味。”

“嗯，我觉得还是不行。”

“我认为绝对会畅销……请您再重新考虑一下。”

“你怎么这样唠叨？不行就是不行。”

“好歹也要试试看才知道好坏，这是好不容易才研发出来的呀！”

“够了，滚吧！”

最后，社长终于忍不住发火。这位负责人不仅没能说服社长，反而坏了自己的名声。

该如何做呢？首先应充分考虑对方的利益为何，再考虑自己的利益何在，然后将两者合并起来，找出双方共有的利益所在，最后再着手进行劝说。先不要急着说双方没有共同的利益，一定会有的。重要的是，不要放弃，直到找出为止。

下面我们再看一个例子。卡内基作为钢铁大王却对钢铁制造不甚了解，那么他成功的原因是什么呢？关键就在于他知道如何统御众人。

他知道名字对一个人的重要。当他还是个孩子的时候，在田野里抓到两只兔子，他很快就替它们筑好了窝，但发现没有食物，因此他想到了一个妙计——把邻居小孩找来，如果他们能为兔子找到食物，就以他们的名字来为兔子命名。

这个妙计产生了意想不到的效果，因此卡内基永远也忘不了这个经验。

当卡内基与乔治·波尔曼都在争取一笔汽车生意时，这位钢铁大王又想起了兔子给他的经验。

当时卡内基所经营的中央能运公司正在与波尔曼的公司竞争，他们都想争夺太平洋铁路的生意，但这种互相残杀对彼此的利益都有很大的损害。当卡内基在与波尔曼都要去纽约会见太平洋铁路公司的董事长时，他们在尼加拉斯旅馆碰面，卡内基说：“波尔曼先生，我们不要再彼此玩弄对方了。”

波尔曼不悦地说：“我不懂你的意思。”

于是，卡内基就把心里的计划说出来，希望能兼顾二者的利益，他描述了合作的好处以及竞争的缺点。波尔曼半信半疑地听着，最后问道：“那么新公司要叫什么名字呢？”卡内基立刻答道：“当然是叫波尔曼汽车公司啦。”

波尔曼顿时展露了笑容，说道：“到我的房间来，我们好好讨论这件事。”

我们都知道说服他人要攻其要害，而逐利就是每个人的通病。

一个人可能会同时具有想去相信人，却并不真正相信别人的两种心态。谨慎而顽固的人多持不信任人的态度，并以这种心态来左右自己的行为。他并不是没有相信人的意念，但他更具有希望人家能信任他的强烈意念。对于这种人，先为他设计一套理由：“你这么做，不但对你自己，对他人也是有帮助的。”以此来晓以大义将更有说服力，毕竟利益是多多益善的。

譬如，一位买卖宝石和毛皮的推销员对一个正在犹豫不决的主妇说：

“你用这些东西一定能使你更美，而你的先生也会更喜欢你。”

这句话的含意是说你这么做并非全是为了自己，同时也为了你先生。她必定极乐意买下。如果更进一步地说：

“即使你买了它，若想脱手也能高价卖出，这样对于你的家又何尝没有帮助？”

对方一听，必定会认为她买下这个东西并非为她一人，也是为了家等等。对于一个正在犹豫不决的主妇来说，最好的方法是对她说“不仅对你好，对整个家都好”等类的话语，必定很容易将货品推销出去。

这种方法并非只适用于商场。日本古代名人丰臣秀吉有一次想没收所有农民的刀枪铁器等，但遭到了农民们的激烈反对。由于他们受过太多的欺骗，对那些统治者也早已恨透了，此时若以强压手段必引起农民的反抗。于是他便灵机一动说：“这次我要将这些没收的武器用来制造寺庙用的器材、铁钉等，使民众得以供奉。并且为了国家、为了全民，更需要百姓专心于耕作上。”于是农民们便都心甘情愿地将武器交出了。

在被劝说者缺乏自信时候，为了将其导向你所设置的既定目标，必须突出这样的利与得，而这样的害与失最好就避而不谈，这是说服对方所采取的一种策略。

15.刚柔相济，劝诫更有效

张嘉言驻守广州时，沿海一带设有总兵、参将、游击等官职。总兵、参将部下各有数千名士兵，每天的军粮都要平均分为两份。

参将的士兵每年汛期都要出海巡逻，而总兵所管辖的士兵都借口驻守海防，从来不远行。等到每过三五年要修船不出海时，参将部下的士兵只发给一半的军粮，如果没有船修而不出海，就要每天减去三分之一的军粮，以贮存起来待修船时再用。只有总兵的部下军粮一点儿也不减，当修船时另外再从民间筹集经费。这种做法已沿袭很久，彼此都视为理所当然。

不料，有一天，巡按将此事报告了军门，请求以后将总兵部下的军粮减少一些，留待以后准备修船时再用。恰巧，这位军门和总兵之间有矛盾，于是就仓促同意削减军粮。

总兵各部官兵听到消息后，立即哄然哗变。他们知道张嘉言在朝廷中很有威信，就径直围逼到张嘉言的大堂之下。

张嘉言神色安然自若，命令手下人传五六个知情者到场，说明事情真相。士兵们蜂拥而上，张嘉言当即将他们喝下堂去，说：

“人多嘴杂，一片吵闹声，我怎么能听清你们说些什么。”

士兵们这才退下。当时正下大雨，士兵们的衣服都淋湿了，张嘉言也不顾惜，只是叫这几个人将情况详细说明。这几个人你一言我一语，都说过去从来没有扣减总兵官兵军粮的先例。

张嘉言说：“这件事我也听说了。你们全都不出海巡逻，这也难怪上司削减你们的军粮了。你们要想不减也可以，不过那对你们并没有什么好处。上司从今以后会让你们和参将的士兵一样每年轮换出海巡逻，你们难道能不去吗？如果去了，那么你们也会同他们一样，军粮会被减掉一半。你们费尽心机争取到的东西还是拿不到的，这些肯定要发给那些来替换你们的士兵。如果是这样，你们为什么不听从上司，将军粮稍微减少一点儿呢？而你们照样还可以做你们大将军的士兵。你们再认真考虑一下吧！”

这几个人低着头，一时无法对答，只是一个劲地说：“求老爷转告上司，多多宽大体恤。”

张嘉言问：“你们叫什么名字？”

他们都面面相觑不敢回答。

张嘉言顿时骂道：“你们不说姓名，如果上司问我‘谁禀告你的’，让我怎么回答？”

这几个人只好报了自己的姓名，张嘉言一一记下，然后对他们说：

“你们回去转告各位士兵，这件事我自有处置，劝他们不要闹了。否则，你们几个人的姓名都在我这儿，上司一定会将你们全部斩首。”

这几个人顿时吓得面容失色，连连点头称是，退了出去。

后来，总兵部下的士兵每日被扣军粮，士兵们竟然再也没有闹事的。张嘉言的这招恩威并施堪称经典。

在说服他人的过程中，采用刚柔相济的劝诫之术，一方面能使别人体面地“退”，另一方面又坚持自己的原则，使自己的主张得到采纳，这种方法为许多事情的处理留有余地。

太史公司马迁在《史记·滑稽传》记载：战国时期，齐威王荒淫无度，不理国政，好为长夜之饮。上行下效，僚属们也全不干正事了，眼看国家就要灭亡。可是就在这种节骨眼上却没有谁敢去进谏，最后只好由“长不满四尺”的淳于髡出面了。但是淳于髡并没有气势汹汹、单刀直入地向齐威王提出规谏，而是先和他搭讪聊天。

他对齐威王说：“咱们齐国有一只大鸟，落在大王的屋顶上已经3年了，可是它既不飞，又不叫，大王您知道是什么原因吗？”

齐威王虽然荒淫好酒，但是他本人却和夏桀、商纣一样的坏到骨子里去的人物有着巨大的不同，所以当听到淳于髡的隐语之后，他就被刺痛并醒悟了，于是很快回答说：“我知道。这只大鸟它不鸣则已，一鸣就要惊人；不飞则已，一飞即将冲天。你就等着看吧！”

说毕立即停歌罢舞，戒酒上朝，切实清理政务，严肃吏治，接见县令共72人，赏有功者1人，杀有罪者1人。随后领兵出征，打退要来侵犯齐国的各路诸侯，夺回被别国侵占去的所有国土，齐国很快又强盛起来。

淳于髡并没有以尖锐的语言来进行劝谏，而是避开话锋，柔语细说中又带有一丝强硬与责备，这样对方很容易主动接受建议。

软硬兼施的方法还可以以两种人合作逼人就范的形式来实施。

一位深受青年喜爱的作家的很多作品都被拍成电影，好多人都曾在影院看过经他的原著改编的影片，影院的观众席都挤满了，观众不时为故事的新颖奇妙鼓掌喝彩，就像20世纪30年代的美国人为卓别林的表演忍俊不禁一样。影片是侦探片，而最吸引人的是影片中审讯犯人的绝妙技巧：警员声色俱厉地威胁、恐吓犯人，把他逼到山穷水尽的困境；这时又一位陪审的警员出场，他态度十分温和地对罪犯表示信任和理解。

首先罪犯由攻击型的警员来审问，以凌厉的攻势摧毁对方的意志，向他说明他的罪证确凿、他的同伙都招供了等等，把他逼到进退两难的边缘。接受了这样的审讯后，有的人会屈服，而顽固的罪犯则会死不认罪。

这种情况下，则派另一位温和型的警员审问他。警员完全站到罪犯的立场上，真心地安慰他、鼓励他“你的兄长都希望你得到宽大处理，希望你为他们考虑”等。对这种软招，罪犯往往会自惭形秽，坦白自己的一切犯罪行为。

无论是在影片中还是现实生活中，使用这种技巧，罪犯十有八九会坦白认罪的。

这种手法是一种奇异的心理法则，又称“缓解交代法”。由温和型和攻击型的两个人合作，一方首先把对方逼到心理的死胡同里去，令他一筹莫展；这时另一个人出来指点给他一条路。这种情况下，对方会自然地奔向那条可以脱身的路了。

16. 将计就计对着说

“请不要阅读第七章第七节的内容”，这是一个作家在他的著作扉页上的一句饶有趣味的话。后来这个作家做了一个调查，不由得笑了，因为他发现绝大部分的读者都是从第七章第七节开始读他的著作的，而这就是他写那句话的真正目的。

当别人告诉你“不准看”时，你却偏偏要看，这就是一种“逆反心理”。这种欲望被禁止的程度越强烈，它所产生的抗拒心理也就越大。所以如果能善于利用这种心理倾向，就可以将顽固的反对者软化，使其固执的态度有180度的大转弯。

某建筑公司的李工程师，有一次折服了一个刚愎自用的工头。这个工头常常坚持反对一切改进的计划。李工想换装一个新式的指数表，但他想到那个工头必定要反对的，所以他想了个办法。李工去找他，腋下挟着一个新式的指数表，手里拿着一些要征求他的意见的文件。当大家讨论这些文件的时候，李工把指数表从左腋下移动了好几次。工头终于先开口了：“你拿着什么东西？”李工漠然地说：“哦！这个吗？这不过是一个指数表。”工头说：“让我看一看。”李工说：“哦！你不能看！”并假装要走的样子，还说：“这是给别的部门用的，你们部门用不到这东西。”工头又说：“我很想看一看。”当他审视的时候，李工就随意但又非常详尽地把这东西的效用讲给他听。他终于喊起来说：“我们部门用不到这东西吗？它正是我想要的东西呢！”李工故意这样做，果然很巧妙地把工头说动了。

逆反心理并不是执拗的人才有，有些人总喜欢跟别人对着干，因为他们不愿乖乖服从于任何人。

某报曾登载过一篇以父子关系为主题的纪事文章《我家的教育法》，是说某社会名人的孩子在学校挨了顿骂后便非常怨恨他的老师，甚至想“给他一点儿颜色瞧瞧”，他父亲听了也附和道：

“既然如此，不妨就给他点儿颜色看。”但接着又说，“纵使你达到报复的目的，但你却因此而触犯了法律，还是得三思才是。”听父亲这样一说，儿子便取消了报复的念头。

另外还有一个例子。某太太认为她丈夫极不像话，于是便和朋友说她要离婚。她满以为朋友会劝她打消离婚的念头，不料那位朋友却说：

“如此不像话的丈夫还是趁早和他离婚，免得将来受苦。”

这位太太听朋友这么一说，反倒认为：“其实，我丈夫也并非坏到这般地步。”而收回了离婚的念头。

据说明朝时，四川的杨升庵才学出众，中过状元。因嘲讽皇帝，所以皇帝要把他充军到很远的地方去。朝中的那些奸臣更是趁机要公报私仇，于是向皇帝说，把杨升庵充军海外或是玉门关外。

杨升庵想：充军还是离家乡近一些好。于是就对皇帝说：“皇上要把我充军，我也没话说。不过我有一个要求。”

“什么要求？”

“任去国外三千里，不去云南碧鸡关。”

“为什么？”

“皇上不知，碧鸡关呀，蚊子有四两、跳蚤有半斤！切莫把我充军到碧鸡关呀！”

“唔……”

皇帝不再说话，心想：哼！你怕到碧鸡关，我偏要叫你去碧鸡关！杨升庵刚出皇宫，皇上马上下旨：杨升庵充军云南！

杨升庵利用“偏要对着干”的心理，粉碎了奸臣的打算，达到了自己要去云南的目的。

尤其是那些大人物，你对他们提出要求，他们总是会想：我为什么要听任你的摆布，我可是一个响当当的人物！因此，在说服这类人的时候，从反方向着手更容易成功。

小孩子天真、单纯，你说东，他偏往西，这是他们的天性。

某一有名的教育家，他对不喜欢练小提琴的孩子尤其独具慧心。在教孩子们练琴时，经常碰到的难题就是儿童学琴意识低落，然而他却能使这些孩子们个个乐意接受他的指导。用逼迫的方式吗？不！因为这种办法只能收到一时之效，并不能持久。而他所使用的“特效药”就是这么一句话：“我想这件事你必定做不好，你还是放弃吧。因为你的技能比人家差，所以你才不想练习。”

你让他放弃，他偏要证明给你看。

只要是从事教育工作的，便经常会体会到这一类情形。尤其小学生更是如此，很少有能够自动进取的，他们常以投机取巧的方式来达到他们偷懒的目的。对于这样的孩子，你若说："难道你是不喜欢它吗？"这会毫无效用的，而要对他们说："这样的事情对你来说是勉强了点，可能你没办法做得好，因为你的能力比别人差。"

只要这一句话，大多数孩子都会自发地行动起来。

17. 引用典故可以增加说服的分量

典故大都是前人留给后辈的思想文化遗产。经典的文化内蕴博大精深，涉及方方面面。

人们崇尚经典，那是因为经典的语言，常被后人视作明辨是非的指导；经典的人物，常被后人当作效仿的楷模；经典的故事，能给后人留下一部部助益无限的读本。人们崇尚经典之余，还喜欢运用经典。有了经典这种"武器"，无论是行为还是语言便都有了充实的依据。

有许多人在和别人说理时，为使自己的"理"能服人，便以引用经典的方法来补充自己的观点、立场的正确性，增加对手辩驳的难度。辩论也不外乎如此。我们将这种方法俗称为"引经据典，以理穿幽"。

所谓"引经据典"，就是在谈话中根据情况巧妙地引用典故警句、成语、歇后语、故事等，以达到叙事论理引人入胜、生动形象的说服效果。

任何一个说服者都希望自己的说辞能具有感染力和说服力。感染力和说服力来自发散型逻辑思维和妙语连珠的有机组合。引经据典正是以此来增加这种有机结合的分量。这种分量，在言简意赅地明晰自己的观点的同时，也能更坚定自己达到说服目的的信心。

一个温地人去东周都城，周人不准他进去，问他："你是外人吧？"温地人回答道："我是这儿的主人。"可是问他所住的街巷，他却说不上来。东周官吏就把他囚禁起来了。

东周国君派人问他："你是外地人，却自称是周人，这是什么道理？"他回答说："我小时候就读《诗经》，《诗经》里说：'普天之下，没有哪里不是天子的土地；四海之内，没有哪个不是天子的臣民。'现在周天子统治天下，我就是天子的臣民，怎么是周都的外来人呢？所以我说是这儿的主人。"东周君听了，就命令官吏释放了他。

典故、名言、名句都是传统文化的精粹，蕴藏着丰富的思想内涵，有着以一当十的威力，说辩者引经据典如能恰到好处，自然能加重说服言辞的分量，赢得说理的优势。

历史就是一面镜子，用历史的经验和教训作为论据，极富说服力。常言道，"事实胜于雄辩"，而那些经典历史篇章是经过时间考验与广泛评说的前人的实践，是具有压倒性征服力的。

汉文帝时，魏尚做云中太守。当时，匈奴人时常侵扰边塞，使北方诸郡不得安宁。魏尚任云中太守以后，开始整顿军队，积极抵抗，一时声威大震。匈奴人闻知魏尚智勇兼备，轻易不敢进犯云中。一次，匈奴的一支军队进入云中境内，魏尚便率军迎击，打退了匈奴的入侵。由于疏忽，魏尚在向朝廷报功时，多报了6个首级。汉文帝便认为魏尚冒功，撤销了他的职务，并让官吏依法治罪。大臣们都感到魏尚获罪有些冤枉，但是却无法解救他。

一天，文帝看见了做郎署长的冯唐，问他："你是什么地方人？"冯唐回答说："我是赵人。"文帝一听，便来了兴致，说："以前我听说赵国的将领李齐十分了得，巨鹿大战时，威震敌胆。现在，每当我吃饭的时候都想起他。"冯唐回答说："李齐远不如廉颇、李牧。"原来，赵国在战国时有很多良将，廉颇、李牧是当时十分著名的将军。文帝听后，叹道："可惜，我没有得到廉颇、李牧那样的将才，如果有他们那样的人为将，我就不担心匈奴人了。"冯唐见时机已到，忙说："陛下即使得到像廉颇、李牧那样的将才，也不一定会用。"汉文帝十分惊诧地问道："你怎么知道呢？"冯唐回答说："古时候的帝王派遣将领出征，总是说'大门以内我负责，大门以外由将军治理'。军队里依功行赏，本来是将军们的事，由他们决定以后再转告朝廷。过去，李牧在赵国做将军，所在地的租税都自己享用了，赵王不责怪他，所以李牧的才智得到了充分发挥，赵国也几乎成为霸主。而当今，魏尚做云中太守，其所在地的租税收入，全部用来供养士卒，因此匈奴惧怕他，不敢接近云中的边塞。而陛下仅仅因为6个首级的误差，便将他下狱治罪，削掉了他的官爵。所以，我才敢说，陛下即使有廉颇、李牧那样的将才，也不能够很好地任用他们。”

汉文帝听了冯唐这些话之后，感触良深。当天，就派冯唐拿着符节到云中赦免魏尚，恢复了他云中太守的职位。

在日常生活或处理事务中，引用典故时最好具体一些，这样会更有说服力。

据《贞观政要》载：唐太宗有一匹骏马，他特别喜爱，长期在宫中饲养。有一天，这匹马无病而暴死，太宗大怒，要把马夫杀掉。这时，长孙皇后劝谏道：

“从前，齐景公因为马死的原因要杀马夫，晏子控诉马夫的罪行说：‘你把马养死了，这是第一条罪状；你使得国王因为马的原因杀人，老百姓知道了，必定怨恨国君，这是你的第二条罪状；邻国诸侯知道这件事，必定会轻视我们的国家，这是你的第三条罪状。’结果齐景公赦免了马夫。陛下读书曾读过此事，难道你忘记了吗？”

唐太宗听后，怒气全消，遂赦免了马夫。

现实是，唐太宗的马死了，太宗要处死马夫；历史上齐景公的马死了，要处死马夫，这是何等相似的事。长孙皇后巧妙地引用晏子谏齐景公这一史实，使唐太宗从愤怒中清醒过来，改变了自己错误的决定。

由此可见，在与人说理时引用典故是纠正对手、巩固自己观点的一种绝妙的手法。通过引用典故，让古人替今人说话，让经验为探求者开道。这种手法的妙用，不但能使对手心悦诚服，同时，也让自己更有信心、更有把握地沿着自己所持的正确想法去拓展。

18.换个角度说话让他心悦诚服

西方人有个习俗：男子戴帽，入室必摘下；而女士戴大檐帽，在室内可以不摘。

某电影院常有戴帽的女观众，坐在她们后排的人十分反感，便向经理建议，请其设禁令。

经理不以为然，说："公开设禁令不妥，只有提倡戴帽才行。"提建议者听罢大失所望。

第二天，影片放映前，银幕上果然打出一则启事："本院为了照顾衰老高龄的女客，允许她们照常戴帽，不必摘下。"

通告既出，所有戴帽者全都将帽子摘下来了，无一例外。因为西方人忌讳别人说自己老，尤其是女性。

可见，说服他人做什么事可以根本不用面对面提出你的意愿，也不用说得明白无误，采用一种旁敲侧击的方法有时候更奏效。

公元前636年，在外流浪19年的晋公子重耳，在秦穆公的帮助支持下，就要回国为王了。

渡河之际，壶叔把他们流亡时的旧席破帷仍然当宝贝似的搬上船，一件也不舍得丢掉。重耳一看，哈哈大笑，说自己就要回国为王了，还要这些破烂干什么？他命令全部抛弃这些东西。狐偃对重耳这种未得富贵先忘贫贱的言行非常反感，担心以后重耳会像抛弃破烂一样，把他们这些陪伴他长期流浪的旧臣也统统抛弃。

于是，他当即向重耳表示，他愿意继续留在秦国，因为在外奔波了19年，自己现在心力交瘁，身体已经像刚才重耳丢弃的旧席破帷一样无法再用，回去也没有什么价值了。

重耳一听便明白了狐偃的意思，马上作了自我批评，并让壶叔把东西一一捡回，表示返回国后，一定不会忘掉狐偃的功劳和苦劳，要狐偃和他同心同德，治理晋国。

在对别人进行劝服时，由于种种原因不好直说，往往不能直截了当地点出对方的意见和观点是错误的，这时若能旁敲侧击，以事物启发人，会更容易被对方所接受。

著名的出版业巨人哈斯特是从创办一份小型报纸起家的，经过几年的奋斗，他拥有了23种报纸和12种杂志。一次，这位杰出的人物遇到了一件令人烦恼的事情：著名的漫画家纳斯特为他绘制了一幅令他大失所望的漫画。

哈斯特觉得这样可不行，一定要想办法让他重画一幅令人满意的漫画才行，可是怎样才能让那位著名的漫画家能够重画一张杰出的作品呢？而且，还有一个问题就是，这样一来原先那幅失败的作品就会因此而报废，他一定会有受挫感的，怎样才能让他愉快地重画呢？

当天晚上，大家一起共进晚餐的时候，哈斯特着重对那幅失败的作品好好地赞赏了一番，他表示："本地的电车时常让许多小孩子不慎伤亡。有的时候，驾驶电车的司机看上去简直不像活人，倒像个死人。照我自己看来，那些人好像只是瞠目结舌地看着孩子们在街上玩耍，却毫无顾忌地冲上前去。"这时，纳斯特激动地一跃而起，惊奇地说道："老天！哈斯特先生，这个场景足以画出一张让人震撼的图画来啊！你把我那张画作废吧，我给你重新画一张更出色的。"就这样，纳斯特异常激动地待在旅馆里，连夜赶制这幅漫画，第二天果然就送来了一幅异常深刻的漫画。

精明的哈斯特诱使纳斯特主动提出将自己的画作废，并自愿加班赶制一幅新的漫画，是哈斯特利用暗示来将看似突发奇想的灵感不着痕迹地移植到了纳斯特的心里，以致纳斯特兴致勃勃地完成了一幅新的杰作。

对于有抵触情绪的人正面说服虽然能够表达说服者的诚心，却不能达到解除对方抵触的目的，而如果在形式上加以改变，却能达到重点说服所不能达到的效果。

那是在第二次世界大战末期，美军付出很大代价攻占了太平洋上的一座日本岛屿。最后的十几名日本士兵退到一个山洞里。无论洞外的美军怎么喊话，他们拒不缴枪，并拼命朝外射击。美军此时真是无可奈何。忽然有位美国兵灵机一动，半开玩笑式地向洞里的日本兵做出一个许诺：如果投降，就让他们去好莱坞一游，看一看影星们的风采。没想到这句话产生了意想不到的效果。枪声停止了。那些刚才还开枪顽抗的日本兵一个个爬出了洞穴，缴枪投降了。最后，美军司令部为了维护信誉，竟真的安排这些俘虏飞抵好莱坞，大饱了一次眼福。

侧面说服并非是歪打正着。二十几岁的日本兵虽被灌输了不少武士道精神，但正当年少，哪个不做少年郎的梦？好莱坞是个梦幻的世界，它吸引着成千上万世界各地的年轻人的心，它对于这些无视生命的日本兵来说也有着超凡的魅力。美国人正是利用了这种心态，达到了说服的效果。

约翰的公司正值生意兴隆之际，忽然因一件意外的事件濒临破产。约翰回到家中，痛哭流涕，想到这20年的艰难创业即将毁于一旦，他的精神陷入极端绝望的境地。他不吃饭不睡觉，心里满是自杀的念头。妻子琼开始也和约翰一样悲痛欲绝，但她看到约翰的样子，明白该是自己拿出勇气的时候了。她一遍遍地劝慰约翰，说些“忘记这一切，从头干起”的鼓励话。但约翰好像没有听到，依然沉湎于自己的绝望心境中。琼看到正面的劝慰不能奏效，灵机一动，计上心来，她坐在约翰的身旁，大哭了起来，一边哭一边诉说起今后生活的可怕。“你的公司破产了，我们这个家可怎么办，两个孩子的学费怎么筹，我怎么和孩子们去解释？他们将不能和同学一起去度假。”琼哭得那么伤心，约翰在妻子哭声中从迷茫的状态下慢慢清醒了过来。他想起了自己对妻儿的责任，想起这个打击也同样降临到了家人身上。他立刻收起了悲伤，对琼说：“不要难过，我们重新开始。”琼笑了，对约翰说：“看来得要扮演被安慰者才行。”

关键时刻，琼调转了角色，变换了角度，使约翰重新恢复了勇气。

我国的古人很喜欢采用一种叫“隐语”的手法来表达自己的意见。这种方法更为含蓄，给人一种优美、曲折的感觉。通常是借别的词语或手势动作做出暗示，让对方猜测。巧妙使用隐语不仅可以把话讲得生动、脱俗，而且容易引起对方的注意和兴趣。

周武王灭殷，入纣都朝歌。听说殷有位德高望重的长者，于是武王前去面见，询问殷朝所以灭亡的原因。

殷长者对武王说：“您要知道这个答案，请以某一天的中午时分为期，到时再谈。”约定的日期到了，可是殷长者没有来。武王感觉很奇怪。周公说：“我已经知道了。此人是个君子，礼义要求他不能非难自己的君王，所以不能明言直说。至于他期而不到，言而无信，实际上暗示了殷所以灭亡的原因。他是在用隐语来回答我们的问题啊。”

齐景公伐鲁，接近许城时，找到一个叫东门无泽的人。齐景公问他：“鲁国的年成如何？”东门无泽回答说：“背阴的地方冰凝到底，朝阳的地方冰厚五寸。”齐景公不明白，把这事告诉了晏子。晏子回答说：“这是一位有知识的人，您问年成，而他回答冰，这是合于礼的。背阴地方的冰凝固，朝阳地方冰结五寸，这表明节气正常，节气正常意味着政治平和，政治平和上下就团结，上下团结年成自然好。您攻打一个粮食充足、群众团结的国家，恐怕会把齐国百姓弄得很疲惫，会死伤不少战士，结局恐怕不会如您的愿。请对鲁国以礼相待，平息他们对我国的怨恨，遣返他们的俘虏，来表明我们的好意吧。”齐景公说：“好！”于是决定不再伐鲁。

隐语需要对方有一定的领悟能力，否则也达不到预期的效果。因此，我们在对对方进行旁敲侧击的同时，必须考虑到对方的心理和立场。

19.避免与对方争论

美国报业大王霍斯托在他还没有出名的时候，就已经雄心勃勃地想要在新闻界占有一席之地。他在自己创办的报纸上发起了一个倡议，其主题是：在全市的电车道上装备救护网，保护儿童。他在自己的报纸上大肆宣传，同时还请美国漫画大师乃西欧为这一活动作画，以吸引读者的注意力。一切进展得很顺利的时候，一个麻烦突然出现了：乃西欧作的画所反映的主题跟霍斯托想要表达的意思正好相反，因此根本不能作为宣传材料。

霍斯托想要乃西欧另外画一张合适的画，但他并没有找乃西欧直接说出来。因为这样一定会引起乃西欧的不满，搞不好还会跟他争吵起来。一天晚上，他邀请了乃西欧一起吃饭，在席间一直不停地称赞乃西欧的画，这当然让乃西欧十分受用。说了一会儿话之后，霍斯托把话题很自然地转移到了电车上，他对乃西欧说：

“我现在一看到电车就很不舒服，因为好像我看到的不是载人的电车，而是一辆辆运送人的骸骨的车。你知道，那些电车道上经常有儿童被轧伤或轧死。而那些开电车的司机，在看到那些穿过电车道的儿童时，似乎大都不怀好意。”

“这个题材很好，”乃西欧说，“我建议你把我以前送给你的那幅漫画撕掉，我会以这个题材重新创作一幅漫画送给你的。”

霍斯托知道争论的结果，因此他并没有直接跟乃西欧争论那幅漫画的对错，而是避免了争论，采取了一种暗示的方法，让对方意识到自己错了，并且主动提了出来。后来，乃西欧用了半个晚上创作的那一幅画，成功地使旧金山全市的电车道上都安装了救护网。

当你打算说服一个人的时候，最愚蠢的方法就是跟对方争论。我们已经知道，几乎没有人会因为争论失败而改变自己的想法。争论确实能够带给你一时的快感，但是却会使你得不偿失。

遗憾的是，有很多人经常犯这样的错误。年轻时候的本杰明·富兰克林就非常喜欢与人争论。当时他与镇上一个小伙子关系很好，两个人在一起的时候，常常争得面红耳赤。他们都非常喜欢辩论，很想驳倒对方，获得片刻的成就感。这种嗜好让他养成了一种习惯，那就是：在和人讨论的时候，他常常会不自觉地去寻求一种与对方不同的意见—不管是对还是错。富兰克林发现，除了一些律师、大学生和一些特别的人外，对一般人而言，这其实是一种非常不好的习惯。就像他，常常因为这种习惯而得罪人。

于是，富兰克林决定改变这种好争论的习惯。当他致力于提高自己的语言水平的时候，他看到了一本分析英语语法的书，其中有一篇关于逻辑的文章，是苏格拉底论证的实例，这让他受益匪浅。不久之后，富兰克林又找到了《回忆苏格拉底》一书，里面有大量的苏格拉底式的论辩的实例。富兰克林接受了这种方法，放弃了率性的反驳和绝对的争辩，从而让自己成了一个谦逊的提问者和怀疑者。这使得富兰克林彻底改变了自己在人们心目中的形象。

格拉瑞是卡耐基口才训练班的学员，他是纽约一家木材公司的推销员。多年来，他都在跟那些冷酷无情的木材质检员打交道。他们常常因为一个小问题而发生争执，有时候甚至吵得不可开交。争论往往是以格拉瑞取得胜利而告终，但是这种胜利却使他和木材质检员的关系冷淡，使公司总是赔钱。在上了卡耐基口才训练班的课程之后，他决定改变策略了。

一天早上，质检员打电话给格拉瑞说他们公司的木材不合格，现在已经停止卸货，并且要他马上把木材运回。当卸完木材总量的1/4之后，质检员声称这批木材的合格率仅为50%。因此，他们拒绝接受这批木材。

格拉瑞很快赶到了现场。对方的采购员和质检员看到他之后，马上摆出了一副准备吵架的神态。格拉瑞说：“我一声不吭，和他们一起走到了那些已经卸下的木材面前，并仔细地看了看那些木材，然后听了他们的意见。根据我的经验判断，他们又一次犯了错误，因为这种木材是白松。实际上，质检员对这种木材并不熟悉，他最熟悉的是硬木，但是他却自认为对白松木也很内行。而比较而言，我比他更熟悉白松木。

“如果在以前的话，我会马上指出他的错误，并和他进行一场争辩，但是这次我并没有这么做。我对他的木材分类方法没有提出任何异议，而是告诉他们，他们可以把不合格的木材挑出来，我立刻把它们运回去。这一办法果然很有效，他们立即变得热情起来，我们之间的紧张感开始消除，大家的关系也显得很友好。之后，我建议他们重新对这些木材进行检查，并提醒他们白松木和硬木是不一样的。质检员终于承认他其实对白松木没有多少经验，然后虚心征求了我的意见。”

最后，他们接受了全部的木材，给了格拉瑞全价的支票。从那以后，格拉瑞和质检员的关系越来越好，后来还成了朋友。

这种做法的作用多么明显啊！从“敌人”到朋友的转变，只是因为其中一方避免了争论。因此，如果你想要说服一个人，就要避免同对方争论。

任何一个人只要被他人攻击，都会下意识地树立起自我保护的意识。当他受到言语的攻击时也是一样的。因此，争论是不会使对方相信你说的话的。当你想说服对方时，你需要冷静地把事实指给他看，与他从容地交谈。

而且，争论往往会使你失去许多时间和精力，并且也会大大刺激你的血液循环，使你没有办法安静下来去理清事实的真相，或者找到更加完美的解决办法。从这个角度考虑，你也完全没有必要花这么多精力去干那种既没有意义也没有任何好结果的事情。

为了避免跟对方争论，我们在与对方意见发生冲突的时候，需要注意以下这些问题：

（1）欢迎不同意见

不同的意见往往带来看问题的不同角度，这会使你收获不小。一个人往往是从自己的立场出发，根据自身的经验和知识，以自己的价值观判断一件事情或一个人的，所以每个人都很难说自己的看法就是正确的。学会从别人的意见中去发现自己想要的东西，这样你就能够做到尽可能全面地看问题。也许这样，你就不会那么激烈地反对跟你持有不同意见的人了。

（2）了解对方的看法

不要一句话不和，就开始跟对方争论起来。你至少应该听完对方的说话，这样才能明白他究竟想表达什么意思。不要想当然地认为自己能够根据一句或几句话给对方下结论，因为根据一般人的习惯，往往并不会在一开始就表明自己的观点。一开始就打断对方说话，急于下结论，这是没有忍耐力和没有修养的表现。

试着从对方的角度去考虑问题。站在对方的立场上，顺着对方的思路去思考。不要犯偏执的毛病，不要妄自尊大，也不要让别人觉得你纯粹是为了反对他而跟他争论。要让对方意识到，你是在发表意见，而不是在争论。

（3）态度真诚地发表意见

当一个人跟你谈话的时候，他并不是想听你的教训的。你们并不是说教与被说教的关系，而是平等的对话者。和你一样，他也会认为自己的想法是对的，并且毫不犹豫地使自己相信这一点。

如果你确实认为对方是错误的、你是正确的，并且能够确保这种判断不会有什么偏差，那么就用真诚的态度跟他说话。用一点儿技巧避免争论，循循善诱地使他慢慢地相信这一点，让他自己说服自己。

（4）间接地指出对方的错误

当你发现对方犯了一个很明显的错误时，为了使对方能够尽快地改正，于是你好心地对他说："看，约翰，你刚才说的有这样一个错误……"你满以为他会感激你，但是结果却让你很意外，甚至让你感到不可理喻——他坚决不承认自己犯了错误，更不用说感激你了。

你没有必要因此而责备对方。这种事情太常见了，几乎每个人都会有这样的毛病。当别人指出自己的错误，尤其是直截了当地指出的时候，一般人似乎都受不了。他会因此而产生一种让人觉得不可思议的强大的力量，正是这种力量迫使他拒绝接受你的批评或指正，即使他明明知道你是为他着想的。

心理学家指出，这种强大的力量中有很大一部分是自我认同感在起作用。当自己所相信的东西被怀疑或否定之后，每个人都会产生一种焦虑，感到自己的自尊被伤害了，甚至感到自己的安全已经没有了保障。结果是，他会本能地拒绝承认自己的错误，即使他可能认为你说的是对的。因此，当你想要说服一个人，让他明白自己的错误的时候，千万不要直接指出对方的错误。

一天，查尔斯·史考伯经过自己的钢铁厂的时候，撞见几个工人正围在一起抽烟。他们显然忘记了公司禁止吸烟的明文规定，或者像很多犯错误的人一样存在侥幸心理。史考伯先生应该把他们揪出来，然后狠狠地批评他们吗？或者把那块“禁止吸烟”的牌子指给他们看？这都只会让对方感到难堪，并且对史考伯产生怨恨。只见他不动声色地走上前去，发给他们每个人一支雪茄，并对他们说：“我们到外面抽去。”这些工人当然不会跟着史考伯一起出去抽烟，而是对他说：“啊，我们忘记公司禁止吸烟的规定了。请你原谅。”然后赶快回到他们的工作岗位上去了。当然，我们能够体会到他们心里的那种复杂的感觉：既为犯了错误而感到自责，又为没有受到惩罚或指责而感到庆幸，同时对史考伯先生也越发尊敬。他们以后一定不会犯同样的错误了。

我相信，直接指出对方的错误，实际上就是在批评对方。任何人都不喜欢被他人批评，即使他明白自己确实做错了。但是人们却往往做这样的蠢事。从上面两个例子的结果来看，间接地指出对方的错误，是十分正确的。采用温和的语气，间接地指出别人的错误，这样就不会引起对方的反感。

确实，我们只要在指出对方错误的同时，注意维护对方的自尊，就容易收到很好的效果。这是十分符合人的本性的——正因为我们没有办法改变人性的弱点，所以只有使自己所做的事情符合人性。

那些聪明的人总是会想方设法这么去做，因为他们知道这样做的效果比直接指出对方的错误要好得多。马吉·嘉可布太太请了几位技术非常好的工人加盖房子。头几天，他们总是把院子弄得乱七八糟，到处都有木屑。一次，等他们结束了一天的工作后，聪明的嘉可布太太不露声色地叫来她的孩子们，和他们一起把木屑处理干净，堆到院子的角落里。第二天，工人们来的时候，她非常高兴地对工人们说：

“你们昨天把院子打扫干净了，我非常高兴。老实说，这简直比我们以前的院子还要干净。”

听到这些话后，那些工人十分高兴，以后都把木屑堆在了院子的角落。试想一下，如果嘉可布太太摆出一副雇主的姿态，那些工人会怎么样呢？他们会毫不犹豫地换另外一份活儿的，因为像他们这么优秀的建筑工人毕竟很少。

一些大公司或者机构的上层人物一般人通常很难见到，其中的部分原因固然是他们很忙，但是那些下属的“过滤”也是一个重要的原因：他们不愿意他们的上司被打扰，因此帮上司挡掉了许多看起来不那么重要的客人。这对那些上层人物来说并不一定就是好事。卡尔·佛朗在当佛罗里达州奥兰多市的市长的时候，就曾经遇到过这样的麻烦。他奉行的是“门户开放”政策。当时他规定，市民如果有事的话就可以直接来见他。但是，那些造访的市民却常常被工作人员挡在门外。

后来，为了圆满地解决这个问题，聪明的市长想出了一个高招儿：他叫人把他办公室的门给拆了。这样，他相当于在明白无误地告诉工作人员不要再阻挡那些造访者了。另一方面，他用行动暗示了工作人员的错误，但并没有直接指出来，这就给他们保留了自尊。

所以，为了劝服别人同时又不伤害别人，你需要间接地指出他人的错误。

20. 抓住对方的心理，把话说到点子上

要想让对方接受你的劝说，首先要了解对方的心理，再通过对方感觉不到的小小的压力渐渐地使他消除戒备心理，这是很奏效的。

与人交谈时，话题的展开如果能迎合对方的心理，就能以更加牢固的纽带来连接双方心理上的“齿轮”，增进彼此的情感交流。我们往往都认为，只要说得有理对方就一定能接受，但是，

要使对方真正理解并能彻底接受，就应该将沟通渠道建立在这种理论对话下的心理上。

小吴大学毕业以后决心自谋职业。一次，他在一家报纸的广告里看到某公司征聘一位具有特殊才能和经验的专业人员。小吴没有盲目地去应聘，而是花费很多精力，广泛收集该公司经理的有关信息，详细了解这位经理的奋斗史。那天见面之后，小吴这样开口：

“我很愿意到贵公司工作，我觉得能在您手下做事，是最大的光荣。因为您是一位依靠奋斗取得事业成功的人物。我知道您28年前创办公司时，只有一张桌子、一位职员和一部电话机，经过您的艰苦奋斗，才有了今天的事业。您这种精神令我钦佩，我正是奔着这种精神才前来接受您的挑选的。”

所有事业有成的人，差不多都乐于回忆当年奋斗的经历，这位经理也不例外。小吴一下子就抓住了经理的心，这番话引起了经理的共鸣。因此，经理乘兴谈论起他自己的成功经历。小吴始终在旁洗耳恭听，以点头来表示钦佩。最后，经理向小吴很简单地问了一些情况，终于拍板：“你就是我们所需要的人。”

要想把话说到点子上，就必须抓住对方的心理。如果不知对方心理所想所需，是无法说到点子上的。就像一个神枪手，如果蒙上他的眼睛，再让他去找一个目标，那么，他只能凭感觉去打，这是难以击中目标的。所以，与人说话时，必须要洞察、迎合对方的心理，才能说到点子上。

21. 避免争论，绕过矛盾

卡耐基说："我们绝不可能对任何人——无论其智力的高低——用口头的争斗改变他的思想。"

一个过于争强好胜的人面临着两种选择：要么是暂时的、表演式的、口头的胜利；要么是他人对你的长期好感。很少有两者兼得的情况。而我们有些人总是喜欢与人舌战不休，与人拍桌打椅，争得面红耳赤，嗓音嘶哑，而最后的结果只有一个：徒劳无益。因为即使他争赢了，但这种表面的胜利实无大益；而且会损伤对方的自尊，影响对方的情绪。若是争输了，当然自己也不会觉得光彩。所以，最好的策略就是避免与人争论。

卡耐基在人际关系上也有过失误，第二次世界大战刚结束的某一天晚上，他在伦敦参加一场宴会。宴席中，坐在他右边的一位先生讲了一段幽默故事，并引用了一句名言。那位健谈的先生说，他所引用的那句话出自《圣经》。

"他错了，"卡耐基回忆说，"我很肯定地知道出处。为了表现优越感，我很多事，很讨厌地纠正他。"他立刻反唇相讥："什么？出自莎士比亚？不可能！绝对不可能！那句话出自《圣经》。"

我的老朋友法兰克·格孟坐在我左边。他研究莎士比亚的著作已有多年，于是我俩都同意向他请教。格孟听了，在桌下踢了我一下，然后说："戴尔，你错了，这位先生是对的。这句话出自《圣经》。”

那晚回家的路上，我对格孟说：“法兰克，你明明知道那句话出自莎士比亚。”“是的，当然，”他回答，“哈姆雷特第五幕第二场。可是亲爱的戴尔，我们是宴会上的客人。为什么要证明他错了？那样会使他喜欢你吗？为什么不给他面子？他并没问你的意见啊。他不需要你的意见。为什么要跟他抬杠？永远避免跟人家正面冲突。”

“永远避免跟人家正面冲突。”卡耐基谨记了这个教训。

小时候，卡耐基是个积重难返的杠子头，他和哥哥曾为天底下任何事物而抬杠。进入大学，他又选修逻辑学和辩论术，也经常参加辩论比赛。他曾一度想写一本这方面的书，他听过、看过、参加过，也批评过数千次的争论。这一切的结果，使他得到一个结论：天底下只有一种能在争论中获胜的方式，就是避免争论，要像躲避响尾蛇那样避免争论。

十之八九，争论的结果会使双方比以前更相信自己的正确性。你赢不了争论。要是输了，当然你就输了；如果赢了，还是输了。为什么？因为“一个人也许口服，但心里并不服”。

你不能辩论得胜。你不能，因为如果你辩论失败，那你当然失败了；如果你获胜了，你还是失败的。为什么？假定你胜过对方，将他的理由击得漏洞百出，并证明他是神经错乱，那又怎样？你觉得很好，但他怎样？你使他觉得脆弱无援，你伤了他的自尊，他要反对你的胜利。

波恩互助人寿保险公司为他们的推销员定了一个规则：“不要辩论！”真正的推销术，不是辩论，也不要类似于辩论。人类的思想不是通过辩论就可以改变的。

可能有人会说，真理只有一个，如果牺牲自己的正确主张而去同意对方的主张，那不是牺牲真理而去服从谬误了吗？其实不然，我们当然要拥护真理，我们当然不可以牺牲真理去服从那些不合理的主张。然而，在某种场所，虽然表面上你是牺牲真理而去迁就对方，实际上真理并不会因此而动摇。

事实上，避免争论可以节省你的大量时间和精力，使你投入到完善你的观点和实践你的观点的工作中去。完全没有必要浪费太多的精力去干那种没有结果也毫无意义的事情。少去了面红耳赤的争论，只会使双方相互尊重，从而增进友谊，有利于思想交流和意见的交换。

通常，我们可以从以下几方面来避免与人争论：

（1）欢迎不同的意见

当你与别人的意见始终不能统一的时候，这时就要求舍弃其中之一。人的脑力是有限的，有些方面不可能完全想到，因而别人的意见是从另外一个人的角度提出的，总有些可取之处，或者比自己的更好。这时你就应该冷静地思考，或两者互补，或择其善者。如果采取了别人的意见，就应该衷心感谢对方，因为有可能此意见使你避开了一个重大的错误，甚至奠定了你一生成功的基础。

（2）不要相信直觉

每个人都不愿意听到与自己不同的声音。每当别人提出与你不同的意见时，你的第一个反应是要自卫，为自己的意见进行辩护并竭力地去寻找根据。这完全没有必要，这时你要平心静气地、公平、谨慎地对待两种观点（包括你自己的），并时刻提防你的直觉（自卫意识）对你做出正确抉择的影响。值得一提的是，有的人脾气不大好，听不得反对意见，一听见就会暴躁起来。这时就应控制你的脾气，让别人陈述自己的观点，不然，就未免气量太小了。

（3）耐心把话听完

每次对方提出一个不同的观点，不能只听一点儿就开始发作。要让别人有说话的机会。这样一是尊重对方，二是让自己更多地了解对方的观点，好判断此观点是否可取，努力建立了解的桥梁，使双方都完全知道对方的意思，不要弄巧成拙；否则的话，只会增加彼此沟通的障碍和困难，加深双方的误解。

（4）仔细考虑反对者的意见

在听完对方的话后，首先想的就是去找你同意的意见，看是否有相同之处。如果对方提出的观点是正确的，应放弃自己的观点，而考虑采取他们的意见。一味地坚持己见，只会使自己处于尴尬境地。因为照此下去，你只会做错。而到那时，给你提意见的人会对你说："早已给你说了，还那么固执，知道谁是对的了吧！"这时，自己怎么下台？所以为避免出现这种情况，最好是给对方一点儿时间，把问题考虑清楚，而不要诉诸争论。建议当天稍后或第二天再交换意见。这使双方都有时间，把所有事实都考虑进去，以找出最好的方案。

这时就应进行一下反思："反对者的意见，是完全对的，还是有部分是对的？他们的立场或理由是不是有道理？我的反应到底是有益于解决问题还是仅仅会减轻一些挫折感？我的反应会使我的反对者远离我还是亲近我？我的反应会不会提高别人对我的评价？我将会胜利还是失败？如果我胜利了，我将要付出什么样的代价？如果我不说话，不同的意见就会消失了吗？这个难题会不会是我的一次机会？"

（5）真诚对待他人

如果对方的观点是正确的，就应该积极地采纳，并主动指出自己观点的不足和错误的地方。这样做了，有助于解除反对者的武装，减少他们的防卫，同时也缓和了气氛。同时要明白，对方既然表达了不同的意见，表明他对这件事情与你一样的关心。因而不要把他们当作防卫的对象，不能因为提出了不同的意见就把他们当作"敌人"；反而应该感谢他们的关心和帮助。这样，本来也许是反对你的人也会变成你的朋友。

所以，你要说服对方，就请遵循说服的第一个原则：唯一能从争辩中获得好处的办法是避免争辩。

22.必要时刻，向对方适当提出挑战

对有些事情，当我们靠批评惩罚，或者表扬的手段解决不了的时候，我们可以考虑这样一种策略——给他人提出一种挑战，然后让他们自我面对。这也许比我们手拿鞭子紧随其后的效果要好得多。因为他们更清楚自己眼下的处境，更明白自己应该怎么去做。

史考伯曾说过："要使工作能圆满完成，就必须激起竞争，提出挑战，激起超越他人的欲望。"史考伯是这么说的，也是这么做的。

有一次，查尔斯·史考伯到下面一家工厂去，工厂经理来反映他的员工一直无法完成他们分内的工作。

他说："我向那些人说尽好话，我又发誓又诅咒，我也曾威胁要开除他们，但一点儿用也没有，还是无法达到预定的生产效率。"

当时日班已经结束，夜班正要开始。史考伯要了一根粉笔，然后，他问最靠近他的一名工人："你们这班今天制造了几部暖气机？""6部。"史考伯不说一句话，在地板上用粉笔写下一个大大的阿拉伯数字6，然后走开。

夜班工人进来时，他们看到了那个"6"字，就问这是什么意思。

"大老板今天到这儿来了，"那位日班工人说，"他问我们

制造了几部暖气机，我们说6部。他就把它写在地板上。”

第二天早上，史考伯又来到工厂。夜班工人已把“6”擦掉，写上一个大大的“7”。

日班工人早上来上班时，看到了那个很大的“7”字。原来夜班工人认为他们比日班工人强，是吗？好吧，他们要向夜班工人还以颜色。他们努力地加紧工作，那晚他们下班时，留下一个颇具威胁性的“10”字。情况显然逐渐好转。

不久，这家产量一直落后的工厂，终于比其他工厂生产得更多。

足见，史考伯将“向对方适当提出挑战”的策略运用得如此恰到好处。其实，这招在政治领域同样适用。如果没有人向他提出挑战，西奥多·罗斯福可能就不会成为美国总统。

当时，这位义勇骑兵队的一员刚从古巴回来，就被推举出来竞选纽约州州长。结果，反对党发现他不是该州的合法居民，罗斯福吓坏了，想退出。但这时，托马斯·科力尔·普列特提出挑战。他突然转身面对罗斯福，大声喊道：“圣璜山的这位英雄，难道只是一名懦夫？”罗斯福在这一激将之下继续奋斗下去，其余的事情就已成历史了。一个挑战不只改变了他的一生，而且也影响了一个国家的命运。

挑战的巨大力量，这个道理史密斯也知道。

当史密斯担任纽约州州长时，就遇到过这样一个问题。“猩猩监狱”是一个臭名昭著的监狱，没有狱长，许多黑幕及丑恶的谣言在狱中汹涌传出。史密斯需要一位强有力的铁一般强硬的人去治理这个监狱，他召来了劳斯。

“去照顾‘猩猩’如何？”当劳斯在他面前的时候，他愉快地说，“他们那里需要一个有经验的人。”

劳斯窘了，他知道“猩猩监狱”的危险，那是一个不讨好的差使。受政治变化的影响，狱长一再更换，有一位任职只有3个星期，他在考虑他的终身事业。那值得他冒险吗？

史密斯看出了他的犹豫，往后一倚，微笑着说：“青年人，我不怪你害怕，那不是一个太平的地方，那里确实需要一个大人物去治理。”

正是史密斯提出了这样一个挑战，劳斯喜欢尝试需要一个大人物的工作的意念，所以他去了，并成为在那儿任职最久的、最著名的狱长。他所著的《在“猩猩”的两年里》售出了几十万册。他曾应邀在电台讲话，他在猩猩生活的故事被拍成了数十部电影。他给罪犯“人道化”的做法造成了许多监狱改革的奇事。

那是任何成功者都喜爱的一种竞技，一种表现自己的机会；那是证明自身价值、争强斗胜的机会。正如卡耐基所说的那样：“光用薪水是留不住好员工的。还要靠工作本身的竞争……”每个成功的人都喜爱竞争和自我表现的机会，以证明他自己的价值。

所以，如果你要使有精神、有勇气的人接受你的想法，就请记住这个说服的重要原则——提出挑战。

23.用商量的口吻向对方提建议，柔中取胜

任何人都是有自尊、讲面子的，所以，在说服他人的过程中，多用与他商量的口气给他提建议，少下命令，这样不但能避免伤害别人的自尊，而且会使他们觉得你平易近人，进而乐于接受你的建议，与你友好地合作。

张先生在工商界是赫赫有名的，他很懂得这个道理。据说他从不用命令式的口吻去说服别人，他要别人遵照他的意思去工作时，总是用商量的口气去说。譬如有人会说："我叫你这么做，你就这么做。"他从不这么说，而是用商量的口气说："你看这样做好不好呢？"假如他要秘书写一封信，他把大意和要点讲了之后，再问一下秘书："你看这样写是不是妥当？"等秘书写好请他过目，他看后觉得还有要修改的地方，又会说："如果这样写，你看是不是更好一些？"他虽然处于发号施令的地位，可是却懂得别人是不爱听命令的，所以不用命令的口气。

张先生的这种做法，使得每个人都愿意和他相处，并乐于按他的意愿做事。所以，当我们要说服某个人时，最好也多用建议的口吻。

肖恩是一所职业学校的老师，他有一个学生因故迟到了，肖恩以非常严厉的口吻问道："你怎么能浪费大家的时间？不知道大家都在等你吗？"

当学生回答时，他又吼道："你回去吧，既然不想听我的

课，以后也不用来了。”

这位学生是错了，不应该不先打个招呼，耽误了其他同学上课。但从那天起，不只这位学生对肖恩的举止感到不满，全班的学生都与他过不去。

他原本完全可以用不同的方式处理这件事，假如他友善地问：“你有什么事情要处理吗？问题解决了吗？”并说，“如果你这样有事情不事先通知，大家的课程也都耽误了。”这位学生一定很乐意接受，而且其他的同学也不会那么生气了。

所以，要说服他人最好别用命令的口吻，不然，不但达不到你想要的说服效果，还可能使事情越弄越糟。多使用建议的口吻，通过这种方法，人们便会很愿意改正他们的错误，而且维持了对方的自尊，使他们认为自己很重要，并配合你的工作，而不是反抗你。